Reiner Gödtel

Jetzt bin ich mein eigener Therapeut

Reiner Gödtel

Jetzt bin ich mein eigener Therapeut

Anleitung zur Selbstanalyse
und Selbsttherapie

Walter-Verlag Solothurn und Düsseldorf

Lektorat:
Internationale Literatur- und Medienagentur Raul Niemann, Gütersloh

Die Deutsche Bibliothek – CIP-Einheitsaufnahme

Gödtel, Reiner:
Jetzt bin ich mein eigener Therapeut : Anleitung zur
Selbstanalyse und Selbsttherapie / Reiner Gödtel. – Solothurn ;
Düsseldorf : Walter, 1995
ISBN 3-530-30001-2

Alle Rechte vorbehalten
© Walter Verlag AG, 1995
Satz: Fotosatz Froitzheim, Bonn
Druck und Einband: Clausen & Bosse, Leck
Printed in Germany
ISBN 3-530-30001-2

Inhalt

Einleitung

Dem Sinn unseres Lebens näherkommen

Nur ein starkes Ich versetzt uns in die Lage, den Anforderungen der Gesellschaft und auch den Bedürfnissen unserer Triebe tatkräftig zu begegnen. Nur so gelangen wir in den vollen Genuß unserer Arbeits- und Liebesfähigkeit. Sind wir schwach, so können wir das Leben oft nur unter Zuhilfenahme von Abwehrmechanismen, Ersatzhandlungen, Alkohol, Drogen und anderen Süchten meistern.

Skepsis und Enttäuschung unter Patienten und Therapeuten bei den herkömmlichen Methoden der Psychotherapie bzw. Psychoanalyse führten dazu, daß in den letzten Jahren neue Methoden der «Seelenheilung» und der Beeinflussung auch der gesunden Psyche gefunden wurden, die effektiver und schneller in dieses höchst sensible System eingreifen.

Der Hauptnachteil vieler neuer Therapiemethoden ist jedoch, daß sie die eigentliche Analyse weitgehend vernachlässigen und sich sofort auf die Beseitigung der lästigen Symptome stürzen. Dies führt naturgemäß dazu, daß die Ursache der Probleme nicht behoben wird. Viele dieser Therapien wirken lediglich wie Fieberzäpfchen bei Infektionskrankheiten. Meine Methode dagegen, die tiefenpsychologisch fundierte Psychotherapie, arbeitet mit dem gleichen Instrumentarium wie die «richtige» Psychoanalyse. Wir fügen deshalb zu dem unübersehbaren Heer an Selbsthilferatgebern nicht noch einen zusätzlichen hinzu, sondern wir zeigen hier einen völlig neuen Weg, der bisher in dieser Form noch nicht beschritten wurde.

Die Frage, die immer wieder auftaucht, heißt: Brauchen wir wirklich einen Therapeuten, können wir uns vielleicht nicht doch in höherem Maße selbst helfen, als man bislang glaubte? Die Antwort lautet eindeutig: Ja! Jeder kann sich selbst helfen statt sich anzupassen. Jeder kann heute durch meine hier beschriebene Methode sehr wirklichkeitsnah seine Zukunft selbst gestalten. Ein Wunschtraum wird wahr: Wir können uns selbst analysieren und auch therapieren!

Jeder, der guten Willens ist und sich die Zeit dafür nimmt, wird lernen, sein Verhalten zu kontrollieren und sich selbst zu lenken. Dazu bedarf es keines unverständlichen Vokabulars, keiner geheimnisumwitterten Machtstrukturen zwischen Therapeut und Patient, keiner Übertragung und keiner Gegenübertragung. Es geht hier nicht um schwer zu durchschauenden Zauber, sondern um ganz real existierende seelische Vorgänge.

Bisher haben die Psychotherapie und die Psychoanalyse ihre ganze Kraft darauf verwendet, andere Menschen zu erkennen, zu verstehen und ihre Verhaltensabweichungen zu korrigieren. Nur ein verschwindender Bruchteil der Forschung beschäftigt sich mit der viel aussichtsreicheren *Arbeit am eigenen Charakter.*

Während meiner psychotherapeutischen Tätigkeit habe ich immer wieder festgestellt, daß der Erfolg einer analytischen Behandlung in erster Linie abhängig ist von der Einsicht des Patienten und weit weniger von dem Verständnis des Analytikers. Viel wichtiger als das richtige Deuten der Einfälle ist in einer Psychoanalyse der richtige Umgang mit dem Widerstand des Patienten. Die meisten gesunden Menschen und sehr viele neurotisch Kranke sind jedoch bei entsprechender Anleitung in der Lage, ihre Widerstände selbst zu erkennen und zu überwinden.

Für jeden Menschen bedeutet die vertiefte Selbsterkenntnis, also die *Arbeit am eigenen Charakter*, ein Heranreifen zu einer selbständigen, harmonischen, lebensfrohen Persönlichkeit und ein reicheres, erfüllteres Leben. Durch eine geglückte Selbstanalyse erleben wir eine bewußtere Anteilnahme an der Umwelt, ein besseres Verstehen von Erlebnissen und gegenwärtigen Aufgaben. Wir lernen Schritt für Schritt, unseren weitverzweigten, komplizierten Lebensplan zu durchschauen.

Dem Sinn unseres Lebens kommen wir nicht näher, indem wir praktische Lebensregeln und Ratschläge aneinanderreihen und befolgen, sondern wenn wir uns in einer wirklich realisierbaren Selbstanalyse einer Seins-Orientierung zuwenden. Hierdurch wächst nicht nur unsere persönliche körperliche und seelische Gesundheit. Wir versetzen uns durch diese Arbeit in die Lage, Lebensentscheidungen, soziale Beziehungen, Lebenskrisen, ja unseren gesamten Lebensentwurf glücklicher zu gestalten.

Der Weg ins eigene Ich ist nicht durch eine krampfhafte Willensanstrengung zu erreichen, sondern basiert auf einem Analysieren unserer geheimen Gedanken, unserer Einfälle, Emotionen, unserer Träume, der unbewußten Antriebe in unserem Leben. Diese Arbeit ist das Interessanteste, was ein Mensch in seinem Leben für sich tun kann, doch sie erfordert Geduld, Kraft und Konzentration. Belohnt werden wir durch ein Erkennen unserer

Fehlhaltung und durch mehr Freiheit unserer Persönlichkeit.

Die psychologische Selbstanalyse ist also ein Teil der Tiefenpsychologie. Unsere Wahrnehmungen, Erinnerungen, Vorstellungen, Phantasien, unsere Triebe und insbesondere unser Unterbewußtes wird erforscht. Mit Hilfe der Selbstanalyse decken wir die vergessenen, verdrängten Erlebnisse, die vergangenen und überwunden geglaubten Kränkungen und seelischen Verletzungen auf. Wir tauchen ein in das «Meer von Tiefen» (Herder) und entdecken langsam den Grund für unsere quälenden Spannungen und Ängste, für unsere Aggressionen, unsere schlechte Laune und unsere Hemmungen. Plötzlich sehen wir verborgene seelische Zusammenhänge und erkennen die Hintergründe für unser Handeln. Wir gewinnen ein vertieftes Verständnis für die eigene Person und decken Konflikte und Ängste auf.

Geeignet ist die Selbstanalyse für jeden Gesunden, der Wert auf eine psychologische Einsicht legt, aber auch für Menschen mit leichten neurotischen Fehlentwicklungen. Schwere Neurosen bedürfen natürlich der ärztlich geleiteten Psychotherapie. Auch vor und bei einer solchen Fremdanalyse wird das Buch jedoch eine wichtige Begleitlektüre sein können.

Am einfachsten zu erfüllen in der Selbstanalyse ist die vertiefte Selbsterkenntnis durch intellektuelles Nacherleben von Konflikten und Belastungen. Dies geschieht z. B. durch logisches Nachdenken, durch Kombinieren, durch Erkennen, Einsehen und Erinnern. Etwas schwieriger für den Ungeübten sind die bildhaften Vorstellungen, das Verfolgen von Phantasien und Träumen und das freie Assoziieren. Besonders wichtig ist das bewußte Erleben von positiven und negativen Affekten einschließlich deren Steuerung. Unbedingt notwendig ist dabei eine absolute Ehrlichkeit zu sich selbst. Nur allzugern lügen wir uns in die eigene Tasche, bewußt oder unbewußt.

Dieses Buch beinhaltet eine neue, wirksame Methode der Psychotherapie, die allen hilft, die sich wirklich verändern wollen. Nur eines müssen wir uns von Anfang an klar machen: Wir brauchen Zeit, viel Zeit. Was wir in vielen Jahren unseres Lebens gelernt haben, falsch zu machen, können wir nicht an einem verlängerten Wochenende lernen, richtig zu machen. Diese Zeit aber hat jeder, sobald er die Wichtigkeit dieses Themas für sich erkannt hat. Ganz gleich, für wie beschäftigt wir uns halten, letztlich haben alle Menschen gleich viel Zeit, wir setzen nur die Prioritäten verschieden. Wenn wir durch einen Unfall oder eine schwere Krankheit von unserer uns so wichtigen Arbeit ferngehalten werden, geht das Leben auch weiter. Wer sich selbst finden und genesen will, muß dafür Zeit aufwenden. Inneres Reifen unterliegt den Gesetzen der Entwicklung wie jedes andere körperliche und seelische Wachstum.

Jeder, der sich einer klärenden Selbstanalyse unterziehen möchte, muß bereit sein, regelmäßig – am besten zu bestimmten Zeiten – täglich mindestens ½ Stunde Zeitopfer zu erbringen. Lösen läßt sich das stets erlebte Zeitproblem durch eine straffere Tageseinteilung und durch die Vermeidung von Zeitvergeudung (z. B. durch Fernsehen). Wer jedoch nach einigen Tagen die Stunden der Beschäftigung mit dem Selbst als innere Kraftquellen erlebt, bedarf keiner Motivation mehr von außen.

Es geht in jeder Analyse darum, eine Verbindung zwischen kindheitlichen Konstellationen und späterem Lebensschicksal herzustellen. Das Herausbefördern von im Unbewußten abgelegten Gedanken und Gefühlen bedarf einer geduldigen «Bergwerksarbeit» durch Dechiffrierung von unbewußten Erinnerungen, Einfällen, Träumen.

Auf ein Problem, das bei der Arbeit mit diesem Buch entstehen wird, möchte ich von Anfang an klar hinweisen. Sie sollten sich selbst einen individuellen Arbeits- und Zeitplan erstellen. Bei der Lektüre der einzelnen Kapitel werden Übungen auftauchen, die Sie in diesem Moment naturgemäß gar nicht durchführen können. Schriftliche Notizen, welche Abschnitte des Buches Sie zu welcher Zeit bearbeiten wollen, sind deshalb unentbehrlich. Es kommt weniger auf eine bestimmte chronologische Abfolge der Bearbeitung an als vielmehr darauf, daß Sie das Gesamtkonzept für sich akzeptieren können und im Laufe von Wochen und Monaten in die Tat umsetzen.

Der entscheidende Vorteil meiner Methode ist, daß sie nicht von einem Therapeuten auf einen Menschen angewendet wird, sondern daß sich jeder, der guten Willens ist, ihrer bedienen und an sich selbst erfolgreich arbeiten kann. Schon nach den ersten Stunden spüren wir, wie sich das so störanfällige menschliche Zusammenleben zum Positiven ändert. Wir lernen sehr schnell, unser Verhalten zu kontrollieren. Sehr schnell gewinnen wir die Kraft, uns zu verändern, statt uns anzupassen.

Kapitel 1

Was wir durch Selbstanalyse und Selbsttherapie verändern können

Kritische Überlegungen zu herkömmlichen Definitionen psychischer Gesundheit nehmen in den letzten Jahren deutlich zu. Daß zu viel Denken unserem Gefühl abträglich ist, ist eine bekannte Tatsache. Wir wissen, daß Menschen, die weniger gut gelernt haben, sich von ihren Eltern zu trennen, zeitlebens mehr auf die Zuneigung anderer Menschen angewiesen sind, um sich glücklich zu fühlen. Doch je unabhängiger und selbständiger wir werden, um so schwerer fällt es uns, einen Menschen zu finden, den wir wirklich lieben können.

Die Psychoanalyse – natürlich auch die Selbstanalyse – will nicht aus allen Menschen einen angepaßten Durchschnittsbürger, einen glücklosen Normopathen machen. Trotzdem wird unser Entwicklungsziel die «Individuation» (Entwicklung zur eigen- und selbständigen Persönlichkeit) und die «Objektkonstanz» (Beständigkeit im Verhalten anderer Personen gegenüber) sein. Denn es steht fraglos fest, daß Menschen, die ihre triebhaften Impulse, ihre Affekte, Ichstrebungen, ihre Normen und Ideale in einem harmonischen Gleichgewicht haben, glücklicher und zufriedener leben.

Die Freudschen Forderungen «Wo Es war, soll Ich werden» (d. h., die Triebe sollten durch unsere eigenverantwortliche Entscheidung abgelöst werden) und «das Unbewußte bewußt machen» sind sicher zu einfach gestrickt, trotzdem ist in unserem Streben nach Wahrheit und Erkenntnisfortschritt die Erforschung unserer *bewußten* und *unbewußten* Handlungsgründe extrem wichtig. Nur so werden wir in der Lage sein, unsere falschen, neurotischen, perfektionistischen, unlebendigen Idealvorstellungen zu korrigieren. Nur so werden wir das Lustprinzip durch das Realitätsprinzip ersetzen und unsere wirklichen Wünsche durchsetzen können.

Wir brauchen viel Geduld, um unsere geheimen Phantasien und Wünsche in uns aufsteigen zu lassen und um uns Zugang zu unseren *vorbewußten* Gedächtnisinhalten zu verschaffen. Da wir die Wahrheit nicht nur durch Grübeln in unserem stillen Kämmerlein finden, sondern oft einfacher, wenn wir mit anderen Menschen darüber reden, ist der Kontakt zu unseren Mitmenschen unerläßlich.

Wir müssen natürlich über die uralten philosophischen Themen wie das Selbst-Infrage-Stellen und das Streben nach Selbsterkenntnis hinausgehen und uns z. B. fragen, was in uns gegebenenfalls das Gleichgewicht zwischen Trieb und Abwehr gestört hat. Empfinden wir z. B. Schuldgefühle und Angst bei unerlaubter Sexualität, weil wir als Erwachsene noch immer – natürlich unbewußt – den strengen, strafenden Vater fürchten? Psychoanalytiker bezeichnen das als Kastrationsphantasien, die einem nicht überwundenen «Ödipuskomplex» entstammen. Ein furchteinflößender, einschüchternder Vater kann von uns als strenges und sadistisches Über-Ich verinnerlicht werden.

Bei unserer Reise nach Innen ist es wichtig, daß wir die hochkommenden Gefühle nicht nur aufschreiben, sondern versuchen, sie wirklich noch einmal zu erleben. Das Durcharbeiten der Erinnerungen ist das Entscheidende. Es reicht z. B. nicht, sich an die Gleichgültigkeit der Mutter zu erinnern. Wir müssen diese Gleichgültigkeit vielmehr noch einmal erleben, erfahren und den Gründen dafür auf die Spur kommen. Langsam lernen wir so, die kindlichen Anteile unserer Konflikte zu erkennen und sie uns bewußt zu machen. Angst, Scham und Schuldgefühle können wir jetzt aushalten, weil wir wissen, daß wir nicht mehr bestraft werden.

Wir sollten uns aber bereits hier bewußt werden, daß die Methode der Selbstanalyse auch ihre Grenzen hat. Die eben beschriebene angstfreie Beziehung beim Wiederaufleben und Wiedererfahren kindlicher Konfliktkonstellationen kann natürlich am ehesten durch den professionellen Analytiker gegeben werden. In der klassischen Psychoanalyse erfährt der Patient in der Übertragungsneurose eine Vielfalt von Wünschen, Affekten, Stimmungen konflikthafter Art, die mit der Person des Analytikers zu tun haben und die Angst-, Scham- und Schuldgefühle hervorrufen. Die normale Neurose wird also zunächst durch die Übertragungsneurose ersetzt, die dann durch Spiegelung, Deutung und Durcharbeiten in der therapeutischen Situation geheilt wird. Der in der Kindheit gestörte Entwicklungsprozeß wird korrigiert, die innerseelische Selbständigkeit wird erreicht und der Weg für die Entwicklung selbstanalytischer Fähigkeiten freigemacht. Bei leichten und mittelschweren neurotischen Veränderungen, die wir alle haben, ist es jedoch möglich, diesen Weg allein ohne professionelle Hilfe zu gehen.

In der Psychoanalyse und in der Selbstanalyse erlangen wir schließlich mehr Vertrauen und Sicherheit, indem wir die Welt nicht länger als böse und schlecht erleben. Wir verlieren unsere wahnhaften Ängste, indem wir die Eigenschaften anderer Menschen schätzen lernen, ohne

Neid zu zeigen. Wir gewinnen die Fähigkeit, die eigenen Gefühle und Gedanken von denen anderer zu unterscheiden. Wir können uns trennen, ohne Angst vor Liebesverlust zu haben. Wir erlangen die Fähigkeit zum Alleinsein. Wir lernen Nein zu sagen, ohne Angst und Schuldgefühle zu entwickeln. Statt fremdbestimmt lernen wir, selbstbestimmt zu leben. Wir arbeiten den Einfluß unserer Eltern auf, wir gehen unser Leben durch, lassen Wut und Ärger zu, und wir lernen, die eigenen Kinder loslassen zu können.

Unsere irrationalen Pflichtgefühle und unsere moralistischen Perfektionismen ersetzen wir durch ein klares, realitätsgerechtes Gewissen und die Fähigkeit zu angemessenen Schuldgefühlen. Insgesamt wird unser Über-Ich (Gewissen) toleranter, liebevoller, verständnisvoller.

Wir können in uns eine konstruktive Aggressivität zulassen, weil wir unsere Komplexe, unsere Mißerfolgsangst überwunden haben. Wir dürfen besser sein als unsere Eltern, können Durchsetzungsfähigkeit, Initiative und gesunden Ehrgeiz entwickeln und können für andere Vorbild sein. Statt uns dranghaft mit sexuellen Phantasien zu beschäftigen, akzeptieren wir unseren eigenen sexuellen Körper und leben unsere Sexualität.

Wir fühlen uns nicht mehr unangemessenen fremden Mächten ausgeliefert, sondern übernehmen die Verantwortung für unsere Impulse, Affekte und Handlungen. Wir stehen zu unseren Entscheidungen, sehen uns nicht länger als Opfer, sondern als Täter. Wir können uns in andere einfühlen und Mitleid empfinden.

Wir entwickeln in uns ein Gefühl für uns selbst, ein beständiges Identitätsgefühl, als Träger eines historischen und kulturellen Vermächtnisses.

Unabhängig von Lob und Tadel erarbeiten wir uns ein gesundes Selbstwertgefühl. Wir brauchen andere weder zu verteufeln noch übermäßig zu idealisieren. Wir können andere Menschen anerkennen, ohne sie zugleich wieder entwerten zu müssen. Wir vertrauen in die Zukunft und entwickeln eine heitere Weisheit.

Wir nehmen uns Zeit für die Probleme anderer Menschen, statt uns selbstgrüblerisch mit uns selbst zu beschäftigen. Auch unsere Eltern können wir jetzt realistisch einschätzen, weniger verurteilend, weniger idealisierend. Sie sind so, wie sie sind. Wir können endlich den Wunsch aufgeben, sie verändern zu wollen.

Wir entwickeln die Fähigkeit, mit Gleichaltrigen befreundet zu sein. Wir können zwischen Bekanntschaft und intimer Freundschaft abstufen. Wir können uns als Teil einer Gruppe erleben, ohne das Gefühl zu haben, unsere Unabhängigkeit zu verlieren.

Wir freuen uns über die Fähigkeit, uns die gefühlsmäßigen Erfahrungen unserer Bezugspersonen und Mitmenschen genau vorstellen zu können. So können wir, auch ohne Gefahr, mit dem anderen ganz zu verschmelzen, eine stabile und andauernde Beziehung zu einem Partner eingehen. Wir können die Gegenwart eines anderen genießen, aber auch allein sein. In uns spüren wir den Wunsch, das Erlebte und Erfahrene weiterzugeben, an Kinder oder ganz allgemein an die nachkommende Generation.

Immer deutlicher lernen wir, eigene Schwächen und Grenzen zu akzeptieren. Wir können anerkennen, daß wir keine Ausnahme darstellen, der ein Sonderstatus gebührt. Wir müssen nicht unbedingt ständig geliebt und für vergangenes Leid entschädigt werden. Wir sind nicht omnipotent und nicht die Größten. Wir können darauf verzichten, andere Menschen kontrollieren zu wollen. Wir können dankbar sein für das, was wir sind und was wir haben.

Wir können einen Verlust akzeptieren, auch den Tod eines nahen Menschen, auch die eigene Sterblichkeit. Niemals können wir die Zukunft total kontrollieren und vorausplanen. Wir lernen, Konflikte, Veränderungen und Vergänglichkeit zu akzeptieren. Wir ertragen Kummer, Leid und Trauer, Rachegelüste und Vergeltungsstreben. Trotzdem bewahren wir uns eine kindliche Sehnsucht.

Wir können lernen, ohne Groll auch einmal auf etwas zu verzichten. Wir können den eigenen Versuchungen und den Verlockungen anderer widerstehen. Wir ertragen die Vermeidbarkeit der Frustration kindlicher Wünsche, wir entwickeln eine Toleranz für Enttäuschung, Angst, Unglück und Leiden.

Wir können loslassen und können auf sekundären Krankheitsgewinn verzichten. Von destruktivem Neid, Ansprüchlichkeit, Eifersucht entfernen wir uns. Sowohl sadistische Wünsche nach Kontrolle als auch die masochistische Haltung, uns als Opfer zu fühlen und selbst zu bemitleiden, geben wir auf.

Wir trennen die Phantasie von der Wirklichkeit. Wir lernen, innere von äußeren Wahrnehmungen und Empfindungen zu unterscheiden. Wir erziehen uns zur Wahrheitsliebe und zur Aufrichtigkeit.

Es erfüllt uns mit Glück und Zufriedenheit, die eigenen Gefühle zu identifizieren und zu benennen. Wir erleben unsere vielfältigen Emotionen und Stimmungen als angemessen, echt, tiefgehend und relativ stabil. Unsere Lebenskraft, unsere innere Lebendigkeit, unsere Spontaneität und unsere Stärke nehmen zu. Unsere Fähigkeit zur Entspannung, zum Kindlichsein-Können nimmt zu. Wir können uns unsere Abhängigkeit und Hilflosigkeit zugestehen. Wir können aber auch genießen und uns freuen.

Schließlich können wir auch angemessene und kreative Änderungen bei uns und in unserer Umgebung durchführen. Wir können z. B. einen Arbeitsplatzwechsel vollziehen, endgültig aus einer unguten Beziehung aussteigen, uns einem neuen Partner zuwenden.

Ganz wichtig für unsere Entwicklung ist es einzusehen, daß wir und die anderen nicht nur gut und nicht nur böse sind, sondern daß immer beides vorhanden ist.

Wir entwickeln eine Toleranz für diese zwiespältigen, ambivalenten Gefühle. Die Alles-oder-Nichts-Qualität von Erleben, die Idealisierung und die Entwertung können zugunsten einer realistischen Sichtweise aufgegeben werden.

Unser Denkablauf wird nicht mehr von dranghaften Wünschen und Affekten gestört. Wir können auch einmal etwas in der Schwebe halten, ohne es ausdiskutieren zu müssen. Das verleiht unserem Denken Anschaulichkeit und Lebendigkeit statt Abstraktheit und affektisolierter Unanschaulichkeit. Erinnerung und Nachdenken tritt an die Stelle unreflektierten Ausagierens. Unsere Konzentrationsfähigkeit und unser Erinnerungsvermögen werden immer besser. Dadurch wird auch ein planendes, vorausschauendes Handeln möglich.

In uns wächst die Fähigkeit, die Spannung zwischen dem Wirklichen und Unwirklichen aufrechtzuerhalten. So können wir auch ursprüngliches, spontanes, eher gefühlsmäßiges Denken zulassen. Wir können auch Humor und Absurdes zulassen, wir können uns unseren Träumen und Phantasien hingeben und brauchen nicht einen Kontrollverlust zu fürchten.

Wir werden neugierig auf psychische Prozesse in uns und bei anderen. Und wir können ohne Gefahr unsere eigenen Wahrnehmungen und Schlußfolgerungen in Frage stellen. Schließlich werden wir die Ursachen und Bedeutungen unserer eigenen Konflikte sehen, unsere selbstzerstörerischen Handlungen, die Art, uns zur Wehr zu setzen, die Auslösefaktoren für unsere Probleme, erkennen. Wir alle haben Stärken und Schwächen. Unserer Einsicht werden schließlich die richtigen Handlungen folgen.

Wenn wir gelernt haben, die bis in die Kindheit zurückgehenden Ursachen für unsere Konflikte gedanklich und gefühlsmäßig zu erfassen, können wir die bis in die Gegenwart hineinragenden falschen, meist unbewußten Abwehrmechanismen langsam korrigieren. Wir lernen, unser strenges, einschränkendes Über-Ich zu erkennen sowie das Bewußtwerden vormals unbewußter Es-Anteile (Triebe) zu tolerieren.

Wir schätzen unsere eigenen Stärken und Schwächen objektiv ein. Wir ertragen Spannungen, ohne uns von diesen unsere persönlichen Fähigkeiten hemmen zu lassen. Wir unterdrücken nicht länger unsere Aggressionen, weil wir wissen, daß wir diese zum Leistenkönnen, Konkurrieren und zum Schutz unserer eigenen Rechte benötigen. Wir entwickeln die Fähigkeit, beständigere, tragfähige zwischenmenschliche Beziehungen einzugehen.

Jeder von uns ist zu einer eminenten weiteren Entwicklung fähig. Beginnen werden wir mit der Bearbeitung unserer *unbewußten Konflikte*. Dabei wird Ihnen dieses Buch, eventuell aber auch ein Psychotherapeut helfen.

Wie jede Form der psychotherapeutischen Behandlung ist auch die Selbstanalyse und Selbsttherapie ein langwieriger und schwieriger Prozeß, der auf Ihrer Bereitschaft zur Veränderungsarbeit basiert. Psychotherapie heißt immer auch ein Aufgeben und Abtrauern von liebgewordenen Charaktereigenschaften und Erlebnisformen, von Wertvorstellungen und Idealen. Natürlich neigen wir zu Beginn alle dazu, die Schuld bei anderen, den Eltern und anderen Bezugspersonen oder bei besonderen äußeren Umständen zu suchen.

Sobald wir ein bißchen Gespür für psychodynamische Konstellationen und für menschliche Erlebensweisen bekommen haben, erahnen wir, daß wir nicht immer das bemitleidenswerte Opfer sind, das immer wieder im Leben zu kurz gekommen ist und auf dem alle höhnisch herumtrampeln.

Punkt 1 heißt also: *Wir* sind es, die die Spiele spielen, *wir* sind es, die die Verantwortung für unser Leben zu übernehmen haben. Sobald wir uns unsere unbewußten Konflikte bewußt gemacht haben und bereit sind, sie durchzuarbeiten, werden sich auch strukturelle Veränderungen einstellen.

Doch lassen Sie zunächst einmal Ihre Therapieziele etwas lockerer, und konzentrieren Sie sich nicht zu krampfhaft auf die Symptombeseitigung und die Verhaltensänderung. Warten Sie nicht angespannt darauf, daß die körperlichen Beschwerden wie Kopfschmerzen, Magenkrämpfe, Herzrasen, die Ängste und Depressionen verschwinden und Sie sich endlich besser durchsetzen können und dadurch freier, lebendiger und selbstbewußter fühlen, daß Ihre Zwangsgedanken verschwinden, Sie Kontakt- und Beziehungsängste verlieren, daß Sie peinigende Schuld- und Minderwertigkeitsgefühle überwinden und zu einer tieferen sexuellen Erlebnisfähigkeit gelangen. Der Sinn unseres Lebens erschließt sich uns nicht, wenn wir nur zwanghaft das große Ziel anstarren, sondern indem wir täglich Steinchen für Steinchen zu dem Mosaik mit viel Geduld zusammenfügen. Nur wenn wir uns langsam von den irrationalen Kräften und Mächten befreien, wenn es uns gelingt, uns von den so schwer zu durchschauenden Zwängen und Abhängigkeiten zu lösen – nur dann werden wir wirklich frei. Ihr wichtigstes Ziel für die Zukunft sollte die Fähigkeit zur Selbstanalyse und zur Selbsttherapie sein. Auch ohne Psychoanalytiker lassen sich sehr viele unbewußte Konflikte bewußtmachen und bearbeiten. Je intensiver Sie sich mit diesem Buch beschäftigen, um so deutlicher nimmt Ihre Kompetenz für Konfliktlösungen zu, auch wenn sich manche ererbte und erworbene Charaktereigenschaften nur sehr schwer verändern lassen. Aber letztlich gehören diese ja auch zu unserer individuellen Einmaligkeit, und wir benötigen sie, um uns von anderen abzugrenzen.

Kapitel 2

Die Entwicklung der Selbstanalyse und Selbsttherapie

Selbstanalyse und Selbsttherapie waren und sind zum großen Teil *Schreibtherapie.* Und diese gab es natürlich schon lange vor der Freudschen Tiefenpsychologie. Allerdings haben die Forderungen Sokrates' und Platons nach philosophischer Selbstanalyse oder die autobiographische Beichte, die «Confessiones» eines Augustinus, die «Meditationen» von René Descartes, die «Bekenntnisse» von Jean-Jacques Rousseau und andere Versuche des Selbsterkennens (z. B. bei Immanuel Kant, Friedrich Hegel, Karl Jaspers, bei Marquis de Sade und bei August Strindberg oder selbst die relativ modernen Tagebücher von Gottfried Benn, Albert Camus oder Ernst Jünger) sehr wenig mit dem zu tun, was heute die Selbstanalyse leisten kann.

Schließlich bedeutete jedoch die Niederschrift des «freien Einfalls» und das «automatische Schreiben» in der voranalytischen Zeit, daß man auf dem richtigen Weg war, das Unbewußte, die «krankmachenden Gefühlsgeheimnisse» ans Tageslicht zu führen. Man sah, daß man selbst nicht nur Schuldgefühle abreagieren konnte, man entdeckte die neurotischen Abwehrmechanismen des beschädigten Ichs.

Sehr gut belegt ist dann die Selbstanalyse von *Sigmund Freud,* insbesondere durch die *freie Assoziation* und die *Traumdeutung.* Zusätzlich förderte er die Selbsterkenntnis durch die offene Aussprache und den Briefwechsel mit Freunden. Nur die schriftliche Fixierung bewahrt uns vor der erneuten Verdrängung, sagte er. Außer dem Lebensschicksal anderer Menschen waren für Sigmund Freud literarische Texte (nicht nur «König Ödipus» von Sophokles und «Hamlet» von Shakespeare) therapeutische Dialogpartner und Ersatzanalytiker. Gelungene Dichtung kann uns von inneren Spannungen befreien und uns von Schuldgefühlen entlasten, weil wir in die Lage versetzt werden, unsere Phantasien ohne Scham zu genießen.

Besonders wichtig für unsere Arbeit in diesem Buch ist, daß wir immer besser lernen, die frei und spontan aus unserem Unterbewußten auftauchenden Einfälle ohne Zensur in Worte zu fassen und niederzuschreiben. Denn diese freien Assoziationen – die ungeordneten und uns oft unwichtig, eventuell auch unanständig erscheinenden Gedankenfetzen – sind Abkömmlinge von untergetauchten, gefühlsstarken Phantasien, den eigentlichen Komplexen. Indem wir langsam die freien Assoziationen deuten lernen, können wir ihre Botschaft entschlüsseln und damit die Störenfriede aus dem Grund unserer Psyche ans Tageslicht befördern und sie zur Bearbeitung unserem Ich zugänglich machen.

Oft leisten wir besonders zu Beginn unserer Arbeit Widerstand gegen das Aufschreiben der freien Assoziationen. Diese Schreibhemmung ist nichts anderes als der ständige Versuch unseres Ichs, weiter zu verdrängen. Haben wir jedoch einmal verstanden, daß wir diese anfänglichen Widerstände für eine wertvolle Weiterentwicklung in uns aufgeben müssen, dann wächst damit sofort die Motivation, und unsere Arbeit gewinnt schnell an Eigendynamik.

Auch Träume sind Abkömmlinge unseres Unterbewußtseins und damit für unsere Selbstanalyse von enormer Bedeutung. Haben wir zunächst einmal keine Angst vor der Deutung eines Traumes! Die ergibt sich von selbst während unserer Arbeit, wenn wir gelernt haben, daß auch im Traum eine Zensur stattfindet (z. B. durch Verschiebung, Symbolisierung, Dramatisierung), die wir und zwar *nur wir ganz allein* entschlüsseln können, indem wir die Trauminhalte zu *unserer eigenen* Lebensgeschichte in Beziehung bringen. Dazu bedarf es keiner Traumlexika oder irgendeiner dechiffrierenden Geheimwissenschaft.

Sowohl unsere frei strömenden Gedanken als auch unsere Trauminhalte sollten wir auf verborgene Wünsche aus der Kindheit, die nicht in Erfüllung gingen, und auf Kränkungen abklopfen. Daß dies eher in relativ unklaren, traumhaften Bildern als in logisch konsequenter Sprache möglich ist, ist verständlich.

C. G. Jung führte die *aktive Imagination* als Ergänzung zur freien Assoziation in die Psychoanalyse und damit auch in die Selbstanalyse ein. Die aktiven Imaginationen sind gesteuerte Tagträume, wo wir uns in vor unserem inneren Auge ablaufenden Situationen, Handlungen, Phantasiegesprächen vorstellen. Auf diese Weise können wir den Gestalten und Ideen aus unserem Unterbewußten kreativ begegnen. Die komplexe Psychologie von C. G. Jung orientierte sich mehr an kollektiven Problemen, an den Urideen in jedem Menschen (Lehre von den Archetypen).

Eine aktive Imagination kann so ablaufen, daß wir uns auf ein seelisches Bild, das uns bedrückt, konzentrieren, warten bis das Bild sich vor unserem geistigen Auge wandelt, um dann in das sich wandelnde Bild aktiv einzugreifen. Als Akteur verwickeln wir die handelnden Personen in Gespräche und verwandeln so Affekte, Gefühle in Bilder. Wichtig ist, daß wir uns nach der Imagination alle auftauchenden Phantasien aufschreiben. Diese aktive Imagination wurde später von *Hanscarl Leuner* als *katathymes Bilderleben* weiterentwickelt.

Der Individualpsychologe *Alfred Adler* befreite sich ebenfalls durch Selbstanalyse von seinem neurotischen Minderwertigkeitsgefühl, indem er an die Stelle von pathologischen Kompensationen eine erwachsene Zielrichtung setzte. Die *Bearbeitung der eigenen Lebensgeschichte* steht für ihn im Zentrum jedes psychischen Entwicklungs- und Heilungsprozesses. Oft ist der spätere Lebensstil nur eine Kompensation von kindlichen Minderwertigkeiterfahrungen. Reifung heißt für ihn, aus dem egoistischen Geltungsstreben ein nützliches Gemeinschaftsstreben zu machen. Alfred Adler vertrat die Meinung, daß nur der Ratsuchende selbst seine Irrtümer aufklären und von einem dominierenden oder nehmenden oder vermeidenden Charakter in einen sozialen, auf Kooperation ausgerichteten Lebensstil finden könne.

Auch die Psychoanalytikerin *Karen Horney* maß der Selbstanalyse durch *Tagebuchschreiben* eine enorme Bedeutung bei: Niemand könne uns zu unserer persönlichen Wahrheit verhelfen, nur durch die eigene Arbeit könnten wir zu einer klaren Sicht gelangen und «die Schale der Egozentrik durchbrechen».

Das größte Problem in der Selbstanalyse ist der Umgang mit den Widerständen, die nicht wie in der Fremdanalyse in der Übertragung deutlich werden können. Die neurotische Charakterstruktur wehrt sich gegen die Aufklärung, nämlich daß unsere falschen Verhaltensweisen Reaktionen auf die Folgen der Auseinandersetzung zwischen dem hilflosen Kind und der mächtigen Umwelt sind. Neurotische Verhaltensfixierungen (z. B. eine zu große Nachgiebigkeit, eine zu ausgeprägte Aggressivität oder das Sich-Entziehen von allen Problemen) sollen in der Analyse und der Selbstanalyse aufgelöst werden und zu mehr Selbständigkeit führen.

Das Aufschreiben der freien Assoziationen wird also in erster Linie durch unsere unbewußten Widerstände erschwert. Widerstände von seiten unseres Gefühls äußern sich in Form von Reizbarkeit, Mutlosigkeit, Hoffnungslosigkeit, von seiten unseres Verstandes durch die Behauptung etwa, wir hätten keine Zeit oder seien zu müde.

Oft versiegen durch die Abwehr auch Assoziationen und Träume. Hartnäckige Widerstände sind die größte Belastungsprobe der Selbstanalyse. Wir sollten jedoch nicht zu hart mit uns ins Gericht gehen und uns im geduldigen Wiederholen mancher Therapieschritte üben und wissen, daß uns die Widerstände zwar schaden, aber uns eventuell auch vor Einsichten schützen, die wir im Moment noch nicht ertragen können.

Auch *Erich Fromm* erkennt nach vier Analysen, daß deren therapeutische Wirkung begrenzt ist und daß man sich besser selbst helfen kann. Der Analytiker beginnt ebenfalls mit der freien Assoziation, die er bald aber zugunsten der *biographischen Selbstanalyse* einschränkt, weil er sieht, daß die Selbstanalyse in erster Linie an den eigenen Lebenslauf gebunden sein muß. Hierbei wird die Vergangenheit nach solchen Ereignissen durchforscht, die große Emotionen ausgelöst haben, Enttäuschungen, Kränkungen, Ängste, aber auch Freude und Hoffnung.

Wir betrachten uns die Krisen im Lebenslauf, die Gabelungen, falsche und richtige Lebensentscheidungen. Wo gab es in zwischenmenschlichen Beziehungen Probleme, wo Abhängigkeit, wo Unterdrückung, wo Selbständigkeit? Wir vergleichen das Bild, das wir von uns haben, mit dem Bild der anderen über uns.

Was sind unsere Pläne für die Zukunft, welche Lebensziele haben wir und wie wollen wir sie erreichen? Insbesondere sollten wir unsere Emotionen bei der Beschreibung unserer Lebensgefühle und Krisen beobachten. Wichtig an unserer Arbeit ist, daß wir uns von der Oberfläche, von der beabsichtigten Wirkung weg in Richtung der unseren Äußerungen zugrunde liegenden Gefühle wenden. Die kritische Deutung unserer Gedanken gelingt uns noch am ehesten, wenn wir – ganz wörtlich! – körperlich drei, vier Schritte neben uns treten und das Gedachte bzw. Geschriebene mit Distanz betrachten.

Da Selbstanalyse immer Charakteranalyse ist, gilt es zunächst, unsere neurotischen, unproduktiven Fehlhandlungen aufzudecken. Hierzu gehören zunächst der übersteigerte Wunsch nach Zuwendung und alle Formen oraler Befriedigung; sodann die ausbeuterische Lebensweise, wenn wir etwa versuchen, unsere Umwelt zu unterdrücken und anderen alles wegzunehmen, Dinge und Personen. Der hortende Charakter zieht sich aus der Umwelt zurück, flüchtet sich in Ordnung, Sauberkeit, eventuell auch Sammelwut. Der opportunistische Charakter versucht mit Marketing-Denken die Dinge immer zu seinen Gunsten zu beeinflussen. Der zu sehr auf Technik Fixierte interessiert sich nur für mechanische, tote Dinge und weniger für das Lebendige und Kreative.

Da wir alle eine positive Charaktermaske tragen, gilt es, hinter unsere eigenen Kulissen zu schauen und zu ergründen, welche unbewußten Antriebe sich hinter unserem vordergründigen Charakter verbergen. Wie stark sind die gleichgültigen, sadistischen, masochistischen, narzißtischen, zerstörerischen Anteile in unserem Charakter?

Daß der Widerstand in uns gerade beim Aufdecken negativer Eigenschaften besonders groß. ist, ist selbstverständlich. Wir müssen schon sehr ehrlich bestimmte Lebenshaltungen und Einstellungen zu anderen Personen verfolgen, um das Geheimnis zu lüften. Es bedarf schon einigen Mutes, um uns unsere Wut, unseren Haß, ja den Wunsch nach dem Tod eines anderen Menschen einzugestehen.

Vielleicht halten wir uns für bescheiden, mutig, hilfsbereit und liebevoll und erfahren nun in der Selbstanalyse, daß wir auch eitel, arrogant, egoistisch, feige und ängstlich sind. Auch wenn dies zunächst schmerzt – es öffnet sich durch die Selbsterkenntnis die Tür zu mehr Wesentlichkeit und Freiheit.

Wenn wir erst einmal eingesehen haben, daß wir ständig in andere das projizieren, was wir selbst verdrängen, ist schon ein wichtiger Schritt getan. Nicht der andere ist böse, sondern wir verdrängen und projizieren das Böse in uns. Eine Wahrheit, die sich uns freilich erst öffnet, wenn wir schon etwas weiter fortgeschritten sind.

Der eigene Charakter ist weitgehend abhängig von der Gesellschaftsstruktur, in der wir groß werden. Deshalb ist auch ein Befassen mit den Charakteren unserer Vorfahren wichtig. Die Charakterstrukturen von Mutter und Vater, die der Großeltern sind in uns automatisch ausgeprägt.

Zur Selbstanalyse gehört auch, daß wir unseren individuellen Charakter mit dem unserer engsten Bezugspersonen aus der Kindheit in Verbindung bringen.

All diese Erkenntnisse erschließen sich uns natürlich nicht, wenn wir nur mal so über uns nachdenken. Es ist notwendig, daß wir uns dazu in eine meditative Entspannung begeben, wie sie ausführlich in *Kapitel 4* beschrieben ist. Nur so können wir den Weg zu unserem Unbewußten finden, nur so ist die «Transformierung des Unbewußten ins Bewußtsein» (Erich Fromm) möglich. Auch ohne tieferes Einsteigen in Zenbuddhistische Meditationstechniken können wir eine Achtsamkeit für die Atmung und die dadurch hervorgerufene Bauchdeckenbewegung entwickeln oder eine andere der in diesem Buch besprochenen Entspannungsformen anwenden.

Die hier vorgestellte *systematische Selbstanalyse und Selbsttherapie* stehen auf einer festen wissenschaftlichen Basis. Es ist hierbei möglich, durch die freie Assoziation (Freud), die aktive Imagination (Jung), die systematische Selbstanalyse (Horney), die Charakteranalyse und die meditative Selbstanalyse (Fromm) den eigenen Weg zu gehen. Ihre Verbreitung wird aber gerade von professionellen Analytikern eher blockiert. Ich werde Ihnen einen Weg zeigen, wie Sie die modernen Erkenntnisse der tiefenpsychologisch fundierten Psychotherapie in die eigene Selbstanalyse übernehmen können. Wir sind dabei aber auch offen für alle anderen neuen Therapien, vorausgesetzt, sie arbeiten seriös. So ist z. B. eine wirkungsvolle Selbsttherapie ohne die Anwendung der neuesten Erkenntnisse der *Verhaltenstherapie* nicht möglich.

Kapitel 3

Selbstanalyse durch Erinnern

Bei der technischen Durchführung der Selbstanalyse wird jeder etwas anders vorgehen. Voraussetzung ist jedoch die Bereitschaft, seine Gedanken schriftlich niederzulegen. Der relativ langsame Vorgang des Schreibens erfordert ein konzentriertes Sich-Besinnen. Indem man Gefühle in eine sprachlich, grammatisch eindeutige Form bringt, erzeugt man eine klare logische Beziehung zu dem Gedachten. Je ehrlicher man seine innere Entdeckungsreise zu den verborgenen Zusammenhängen aufschreibt, um so eindeutiger sind die psychologischen Erkenntnisse und die dadurch erlebte Befreiung.

Jeder sollte die Methode des schriftlichen Fixierens wählen, die ihm am geeignetsten erscheint. In der handschriftlichen Aufzeichnung werden Gedanken unmittelbar zu befreiender Bewegung. Dafür ist die Maschinenschrift übersichtlicher und später leichter nachlesbar. Ergänzende Skizzen, Zeichnungen, Fotos können dem Text beigegeben werden.

Schon bei den Vorbereitungen ist es wichtig, für einen sicheren Aufbewahrungsort seiner ureigenen Aufzeichnungen zu sorgen. Nur wenn man sicher ist, daß kein Unbefugter das Geschriebene zu Gesicht bekommt, können wir auch bedingungslos über unsere geheimsten Wünsche und Sehnsüchte reflektieren. Wir sollten auch nur mit Menschen, die unser vollstes Vertrauen besitzen, über unsere Tätigkeit reden.

Nun aber zu dem Wichtigsten: Was sollen wir aufschreiben? Die Antwort lautet: Alles. Zunächst einmal alles, was wir schreiben wollen. Machen Sie keinen Unterschied zwischen vermeintlich Wichtigem und Unwichtigem. Alles ist wichtig. Besonders natürlich das, was wir nicht schreiben wollen: das Unangenehme, das Peinliche, die Irrtümer, die kleinen und großen Schurkereien, Lügen, Diebstähle, sexuelle Geheimnisse, Verfehlungen. Nur wenn wir bereit sind, in unbestechlicher Wahrhaftigkeit wenigstens uns selbst nicht zu belügen, können wir den verhängnisvollen, krankmachenden Kreislauf der Verdrängungen durchbrechen.

Ungeheuer wichtig bei der Erstellung unseres «Lebensromans» ist es, den freien Einfällen, die auf den ersten Blick nichts mit unseren eigentlichen Gedanken zu tun haben, nachzugehen und sie nicht als nicht zum Thema gehörend beiseite zu schieben. Überhaupt sollte die Selbstanalyse nicht so sehr an einen üblichen Lebenslauf erinnern, sondern sollte gerade sehr persönliche Gegebenheiten, Gefühle, Befürchtungen und Wünsche enthalten.

Wenn wir unseren Affekten freien Lauf lassen, haben wir meist keine allzu großen Probleme mit Gefühlen der Liebe, Zärtlichkeit und Zuneigung. Doch das Aussprechen und Niederschreiben der negativen Affekte wie Haß, Neid, Wut, Ärger bereitet uns schon größere Schwierigkeiten. Durch unsere Erziehung wurde uns beigebracht, verurteilende Gedanken, Grobheiten, Gemeinheiten oder Beleidigungen nicht auszusprechen, sondern zu unterdrücken. In der Selbstanalyse wird aber gerade von uns gefordert, die andere kränkenden Affektausbrüche zuzulassen. Schon im Alltag wirkt es sehr befreiend, die Wut gegenüber Autoritätspersonen – einem Vorgesetzten, dem Vater – in Worte zu fassen.

Besonders müssen wir uns mit unseren Aggressionen beschäftigen. Oft ist eine autoritäre, geschlechtsfeindliche Erziehung die Ursache, oft eine seelisch-geistige Überforderung oder eine nicht ausgelebte Sexualität. Wutentladungen in der schriftlichen Selbstanalyse – diese gewitterähnlichen Ausbrüche verhüten und heilen seelische Erkrankungen. Das bewußte Aufschreiben ist eines der besten Beispiele für die unschädliche Verarbeitung von Aggressionen. Das zornige In-Worte-Fassen unserer aufgestauten Wut ist ein befreiendes Erlebnis und bewirkt eine regelrechte seelische Hygiene.

Besonders wirksam werden Aggressionen verarbeitet durch gleichzeitig kräftige körperliche Betätigung in Beruf oder Sport, durch einen sinnvollen heilsamen «Wutausbruch» in Worten, durch fast alle kreativen Tätigkeiten, wobei einer möglichst aktiven Tätigkeit immer der Vorzug zu geben ist. Wer sich an einer Demonstration mit Sprechchören beteiligt, baut naturgemäß mehr Aggressionen ab als jemand, der sich einen Wildwestfilm ansieht.

Wenn wir beginnen, über die ersten Erinnerungen an unsere Kindheit zu schreiben, ist es wichtig auf ambivalente, widersprüchliche Gefühle zu achten. Ehrlich sollten wir uns eingestehen, daß wir die Eltern nicht nur geliebt, sondern auch gehaßt haben. Neben Fürsorge und Zuneigung sehen wir Lüge und Ungerechtigkeit, neben Pflichterfüllung eventuell Erschöpfung und Faulheit.

Durch das freie, unzensierte Strömenlassen von Einfällen und Gedankenverbindungen können unbewußte Aggressionen und Ambivalenzen aufgedeckt werden.

Unklarheiten können zunächst einmal als Frage aufgeschrieben werden. Das bloße intellektuelle Nachdenken bleibt mechanisch an der Oberfläche. Um die verbotenen Triebstrebungen und die verdrängten Wünsche aufzudekken, müssen wir ganz ehrlich auf unsere Gefühle lauschen. Das Eindringen in die uns bis jetzt unbekannten Sphären gelingt nur, wenn wir aufhören, uns selbst zu beschummeln, wenn wir bedingungslos «die Hosen herunterlassen» und zugeben, daß auch wir «Leichen im Keller» haben.

Ich möchte noch einmal wiederholen, daß es hier keinesfalls um die Darreichung von sog. «Rezepten» für schwierige Lebenslagen geht. Das Suchen und Finden von Antworten bedeutet noch keinesfalls Selbstanalyse. In der vertieften analytischen Selbstbesinnung versuchen wir, uns zu erinnern, wieso es in unserer Kindheit und später zu Verletzungen, Kränkungen und Konflikten kam. Wir können uns fragen: Wie kommt es zu unseren Haßgefühlen und Aggressionen? Wieso haben wir Kontaktschwierigkeiten? Wie beurteilen wir unser Aussehen? Haben wir Minderwertigkeitsgefühle oder Existenzangst? Warum kommt es ständig zu Nörgeleien mit dem Lebenspartner? Warum haben wir keine erfüllte Sexualität?

Oft ist die Angst eine Ursache für mangelndes Selbstbewußtsein, mangelhaftes Durchsetzungsvermögen und für Depressionen. Meist dauert es sehr lange, bis als entscheidende Ursache für die verschiedenen Ängste ausgemacht werden: unterdrückte Gefühle, Vermeiden von Auseinandersetzungen aus falschem Harmoniebedürfnis, das Schließen von faulen Kompromissen, das Nicht-aushalten-Können von Liebesentzug nach einer streitigen

Auseinandersetzung. Je ehrlicher wir zu uns sind, um so leichter gelingt es uns, unsere passive Verträumtheit der aktiven Wirklichkeit zu nähern.

Ohne unseren freien Gedankenfluß zu bremsen, sollten wir eine systematische Gliederung in unsere schriftliche Selbstanalyse bringen. Auch wenn wir unsere Gedanken nicht unbedingt streng chronologisch ordnen müssen, so sollten wir doch mit den ersten Erinnerungen an unsere früheste Kindheit beginnen. Schon zu Beginn unserer Aufzeichnungen sollten wir nicht nur unsere gedanklichen Erinnerungen fixieren, sondern auch die Gefühle beschreiben, die wir damit verbinden. Es genügt also nicht, z. B. die Mutter als Hexe zu beschreiben, wir müssen unsere eigenen aggressiven Affekte noch einmal *nacherleben*.

Meistens handelt es sich bei den traumatisierenden Kindheitserlebnissen nicht um ein einmaliges Ereignis; oft ist es die ganze Lebenssituation, die Angst macht, die kränkt. Ehrgeizige, tyrannische, aber auch besonders verwöhnende Eltern setzen tiefe Wunden. Der unheilvolle Kreislauf zwischen elterlichem Ehrgeiz, Minderwertigkeitsgefühlen und Geltungsbedürfnis schließt sich immer wieder.

Wir können in unserem Inneren einfach spüren, ob sich unsere seelischen Anlagen frei entfalten konnten oder ob man uns in übertriebenem Maße zu Ordnung, Sparsamkeit, Pünktlichkeit, Sauberkeit zwang.

Schließlich nähern wir uns langsam der Zeit um das 6. Lebensjahr, als wir in die Schule gingen. Unser eigener Wille entwickelte sich, und wir erkannten, daß unsere Eltern auch Schwächen und Fehler haben und sich eventuell schuldig gemacht haben.

Wie haben wir die Schule erlebt? Hatten wir Freunde? Waren wir befangen, zurückgezogen, verschlossen, geltungsbedürftig, leicht verletzbar, aggressiv usw.?

Grübeln Sie jetzt schon einmal in einer Entspannungssituation über Ihre allerersten Kindheitserinnerungen nach! Viele Menschen können sich an Ereignisse, Situationen, Bilder aus dem zweiten, dritten Lebensjahr erinnern. Beginnen Sie mit diesen Erinnerungen Ihre Aufzeichnungen!

Kapitel 4

Durch Entspannung und Selbsthypnose ins Unbewußte

Entscheidend für unser Glück, unseren Erfolg ist das Bild, das wir von uns selbst haben. Unsere Selbstauffassung bestimmt unser Selbstwertgefühl. Ein stimmendes, positives Bild von unserem Seelenleben macht unser Leben lebenswerter, vielleicht auch länger.

Es ist keineswegs so schwierig wie wir glauben, Kontakt zu unserem Unterbewußtsein aufzunehmen. Wir brauchen uns dazu lediglich zu entspannen und müssen unser Denken abschalten, um die inneren Bilder aufsteigen zu lassen. Das geht allerdings nicht mit bloßer Willensanstrengung. Wir müssen einen Umweg wählen, um die oft aus Angst gebildete Schranke zu umgehen. Die gleichen Bilder, die uns unsere Träume liefern, können wir im wachen, aber entspannten Zustand durch Imaginieren in sogenannten Wachträumen produzieren.

Durch unsere Vorstellungskraft, durch unsere Fähigkeit, geistige Bilder mit geschlossenen Augen aufsteigen zu lassen, sind wir in der Lage, einen großen Teil unserer Probleme lösen. So können wir z. B. durch *positive* Anwendung unserer Vorstellungskraft zu innerer Ruhe kommen. Wenn wir uns in die Welt unserer Phantasie versenken, können wir uns in eine angenehme Entspannung versetzen.

Die meisten unserer Probleme sind mit der Unfähigkeit zur Entspannung verbunden, ob das nun mangelhafter privater oder beruflicher Erfolg ist, Schlafstörungen, körperliche und seelische Krankheiten, Abhängigkeiten von Medikamenten, Alkohol, Nikotin, Drogen oder von Menschen und Dingen usw. Angst sowie Anspannung verhindern, daß wir uns so geben können, wie wir eigentlich sein möchten. Wir können aus uns einen gelassenen, unbeschwerten Menschen machen mit ruhigen Augen, mit einem herzlichen Lächeln und einem entspannten Gesicht.

Bevor wir mit dem Üben beginnen, sollten wir uns die grundlegenden Fakten klarmachen. Wir akzeptieren unsere Leistungsgrenzen und lassen uns nicht länger wie Sklaven antreiben. Indem wir unser Bestes geben, haben wir unser Soll erfüllt. Wir brauchen uns nicht ständig zu neuen und größeren Leistungen zu zwingen.

Wir begreifen die heilende Kraft der Vergebung. Wir sind nachsichtig gegen andere Menschen und uns selbst gegenüber. Gefühle wie Neid und Haß rauben uns sehr viel unserer Energie. Statt mit anderen im Streit zu sein und ständig Groll in uns zu verspüren, können wir großmütig verzeihen und dadurch ungeahnte Kraft für uns selbst gewinnen.

Ehrgeizige, kämpferische Menschen wollen sich ständig Zuneigung durch Leistung erkaufen. Schwache, oft neurotische Menschen erflehen sich kindhaftes Beschütztwerden durch Jammern und Hinweis auf ihr Leid. Slalomfahrer, die sich den Problemen des Alltags nicht stellen wollen und möglichst alle Schwierigkeiten ohne eigenes Dazutun lösen möchten, greifen zu Beruhigungsmitteln und Alkohol. Aber nur der Mensch, der die Verantwortung selbst für die körperliche und emotionale Anspannung zu übernehmen bereit ist, kann aus dem Teufelskreis herausfinden.

Es gibt viele Formen der Entspannung, z. B. das Autogene Training, die transzendentale Meditation, Yoga, die funktionelle Entspannung durch Atemregulierung, die Musik-Entspannung, Biofeedback-Techniken, die Progressive Relaxation (Aufsteigende Muskel-Entspannung) nach Jakobson usw. Viele Institutionen, Volkshochschulen, Therapeuten, Psychologen bieten Entspannungskurse an. Wer eine solche Technik bereits beherrscht, kann diese natürlich auch zur Selbstanalyse und Selbsttherapie einsetzen.

Ich werde Ihnen eine Methode der *ganzheitlichen Selbstentspannung* erläutern, die Sie sofort relativ schnell alleine ohne irgendwelche Hilfsmittel erlernen können.

Diese oder eine andere Entspannungstechnik benötigen Sie immer wieder, wenn Sie die nachfolgenden Kapitel durcharbeiten.

Die neue Selbsthypnose hat nichts mehr mit dem alten Hypnoseverständnis zu tun, es ist vielmehr eine «kreative Imagination» (Araoz), die ein selbstbestimmtes Handeln miteinschließt. So wie wir träumen und tagträumen können, so können wir unsere Phantasie, wenn wir die Technik einmal beherrschen, zur Selbstsuggestion einsetzen. Es ist seit langem bekannt, daß das Unterbewußtsein in diesem leichten Grad der Trance besonders leicht abzufragen und auch zu beeinflussen ist. In diesem Zustand zwischen Wachsein und Schlaf sind wir eher in der Lage, Antworten auf unsere Probleme zu finden, weil wir unserem Gefühl, unseren Wünschen, Befürchtungen, Bedürfnissen, Phantasien, Träumen viel näher sind als im wachen, bewußten Zustand. Wer regelmäßig entspannt, bekommt eine andere Einstellung zu Streß und Konflikten und hat weniger psychovegetative Störungen. Angst und

Ärger, Mißtrauen und Haß werden verläßlich abgebaut. Praktisch alle Krankheiten treten seltener auf. Es kommt zu einer selbstgesteuerten Entspannung des ganzen Menschen.

Symptome sind nie die Ursachen, sondern Äußerungsformen von tieferliegenden Problemen, von Ereignissen und Erlebnissen, die vorausgegangen sind. Da die Entspannungsübung nicht nur zu einer momentanen Entspannung führt, sondern uns die Ursachen für die Anspannung aufdeckt, greift sie wirklich auch an den Wurzeln an und führt zu einem dauerhaften Erfolg.

Nachdem wir in der westlichen Welt lange Zeit Intelligenz, Logik, objektive Wahrnehmungen überbewertet und Gefühle, Kreativität und Glauben unterschätzt haben, sind wir gegenwärtig dabei, der Kraft unserer Imaginationen mehr Aufmerksamkeit zu schenken.

Angst wird z. B. weniger von äußeren Gegebenheiten als vielmehr von unserer Phantasie in unserem Kopf verursacht.

In der Entspannungssituation sind wir in der Lage, die imaginativen Funktionen so zu entwickeln, daß wir den zwischenmenschlichen Kontakt verbessern und unser Selbstwertgefühl und damit unsere gesamte psychische Kraft, unsere Kreativität und Produktivität steigern können. Das Problem wird also sein, unsere geistige Einstellung zum Positiven zu ändern. Machen wir uns nun auf den Weg aus einer fehlgeleiteten Bedürfnisbefriedigung hin zu einem Gewinn an Wohlbefinden und Störungsfreiheit.

Beim Erinnern an lange Vergangenes und beim Ertasten komplizierter Gefühlsnuancen stoßen wir nicht selten an eine Grenze. In der Entspannungssituation gelingt es uns meist einfacher, in die tieferen Schichten unserer Seele, auch in die «Kellerräume» des Unbewußten vorzudringen.

Wir benötigen 15 bis 20 Minuten Zeit in einem ruhigen Raum. Alle möglichen Störungsquellen schalten wir aus (Telefon, Türklingel usw.). Falls andere Personen in der Wohnung sind, bitten wir diese, sich in einem anderen Raum absolut ruhig zu verhalten. Entweder legen wir uns auf eine bequeme Couch oder aufs Bett, oder wir stellen einen Stuhl mit der Lehne an die Wand, setzen uns so, daß unser Kopf bequem die Wand berührt und lassen die Hände entspannt zwischen unsere Oberschenkel sinken. Wir können überhaupt nichts falsch machen. Wir schließen die Augen und atmen tief und ruhig ein und aus. Schon nach kurzer Zeit spüren Sie die beginnende Ruhe und Ausgeglichenheit.

Atmen Sie tief ein, halten Sie die Luft einige Sekunden lang an, und stellen Sie sich beim Ausatmen bildlich die Zahl *Drei* vor. Das machen Sie dreimal. Atmen Sie weiter tief ein, und visualisieren Sie im Geist die Zahl *Zwei*. Auch das wiederholen Sie dreimal. Dann denken Sie dreimal beim Ausatmen an die Zahl *Eins*.

Nun sagen Sie sich in Gedanken ein Wort, das keine negative Bedeutung haben sollte, immer wieder vor. Gut bewährt hat sich das Wort «Radere», das Sie monoton aneinandergereiht immer wieder im Geiste aussprechen: *Radere – Radere – Radere*. Sie können dabei auch leicht die Lippen bewegen. Konzentrieren Sie sich auf dieses eine Wort, und atmen Sie weiter tief und ruhig und ohne Verkrampfung ein und aus.

Sie sind ganz ruhig, und alle Geräusche sind gleichgültig. Die Ruhe wird immer tiefer. Der rechte Arm wird schwer, der linke Arm wird schwer. Beide Arme sind ganz schwer. Auch die Beine sind schwer. Alle Glieder, der ganze Körper sind schwer. Sie sind ganz ruhig und spüren jetzt eine von innen kommende strömende Wärme in beiden Armen, beiden Beinen, im gesamten Körper. Die Atmung geht ruhig und gleichmäßig. Wir fühlen uns ruhig, wohl und ausgeglichen. Nach etwa zehn Minuten wenden Sie ihre Augäpfel hinter den verschlossenen Lidern nach oben. Blicken Sie mit den Augen Ihr Gehirn an. Sie sind ruhig, konzentriert und entspannt. Ihr Körper ist angenehm warm und schwer. Sie spüren Harmonie und Frieden in sich.

Jetzt wenden Sie sich der Situation, dem Ereignis zu, das Sie heute bearbeiten wollen. Dieses Bild ist natürlich austauschbar. Als Beispiel imaginieren wir jetzt «das Haus der Kindheit».

Lassen Sie vor Ihrem geistigen Auge das Haus Ihrer Kindheit entstehen. Sollten mehrere Häuser in Frage kommen, entscheiden Sie sich für ein Haus. Sie stehen vor dem Haus, sehen sich den Verputz, die Fenster, die Tür usw. ganz genau an. Sie gehen dann um das Haus herum und betrachten das Haus von hinten.

Dann gehen Sie in das Haus hinein, durch den Flur in die Küche, betrachten sich dort alle Gegenstände ebenfalls ganz genau. Achten Sie auf jede Kleinigkeit. Vielleicht können Sie auch Personen erkennen, verweilen Sie, solange Sie möchten, in der Küche. Dann wenden Sie sich den anderen Räumen zu, dem Wohnraum, dem Schlafzimmer.

Bleiben Sie lange genug in jedem Raum, damit Sie sich alles plastisch vorstellen können, an was Sie sich erinnern. Sie können auch Schränke öffnen und die Personen hantieren und sprechen lassen.

Wenn das Haus einen Keller hat, gehen Sie jetzt in den Keller. Wenn es dunkel ist, machen Sie Licht an, und betrachten Sie sich alle Gegenstände ganz genau. Achten Sie immer auch auf ihr Gefühl. Empfinden Sie Angst, Ruhe, Glück?

Zum Schluß gehen Sie in Gedanken noch einmal in den Raum, in dem Sie sich als Kind am liebsten aufgehalten haben. Dann verlassen Sie das Haus. Das Bild verschwindet langsam. Atmen Sie zwei- bis dreimal tief durch, spannen Sie die Muskulatur Ihrer Arme und Füße an. Öffnen Sie die Augen, und gehen Sie alle Bildsequenzen noch einmal in Ruhe durch.

Schreiben Sie Ihre Reise auf! Analog zu dem Bild «Haus der Kindheit» können Sie sich mit dieser relativ leicht zu erlernenden Entspannungs-Technik auch in andere Situationen, Gegebenheiten sowohl der Kindheit als auch solche des Erwachsenenlebens, begeben. Die für die Selbstanalyse notwendigen Anweisungen – die entscheidenden Bilder – erfahren Sie beim Durcharbeiten des Buches.

Sie werden sehen, daß Sie sich durch die regelmäßige Anwendung dieser oder einer anderen Entspannungs-Technik den Spannungsursachen besser und leichter stellen können. Vor was sind wir auf der Flucht? Warum beklagen wir die mangelnde Zuwendung und das Nichtverstehen durch unsere Bezugsperson? Was führt bei uns regelmäßig zu einer seelischen und sozialen Belastung? Welche beruflichen und privaten Schwierigkeiten erleben wir als Streß?

Durch regelmäßiges Üben schlafen wir automatisch besser, wir können uns besser konzentrieren, und unsere Gedanken bleiben beim Thema. Wir werden insgesamt ruhiger und regen uns weniger leicht auf. Die Widerstandskraft gegenüber Infektionen nimmt zu, Schmerzen werden gelindert, unsere körperliche und geistige Leistungsfähigkeit nimmt zu.

Wenn wir die Tiefenentspannung erreicht haben, können wir für einige Minuten in diesem Zustand verharren und unsere Gedanken frei fließen lassen.

Wir können uns aber auch spezifische Formeln geben wie: «Ich trinke keinen Alkohol, zu keiner Zeit, an keinem Ort, bei keiner Gelegenheit. Alkohol ist gleichgültig.»

Oder: «Ich rauche nicht, zu keiner Zeit, an keinem Ort, bei keiner Gelegenheit. Zigaretten sind ganz gleichgültig.»

Oder: «Ich fühle mich jeden Tag wohler und kräftiger, mein Auftreten wird sicherer und bestimmter, ich kann mich ganz frei und ungezwungen bewegen.»

Oder: «Ich bin ganz ruhig und frei, aller Ärger ist fern, Angriffe sind ganz gleichgültig, ich nehme mich an und vertrete mein Recht.»

Oder: «Ich spreche fest und frei, mein Blick ist klar, offen und freundlich. Ich liebe das Leben und bezwinge die Zukunft.»

Die Formeln können individuell variiert werden. Sie sollten jedoch kurz, positiv und einprägsam sein.

Sagen Sie bitte nicht «Es geht nicht, ich kann mich nicht konzentrieren, ich bin zu nervös.» Es ist ganz normal, daß uns während einer Entspannungsübung andere Gedanken dazwischen kommen. Betrachten Sie das bitte nicht als eine Störung oder ein Nichtfunktionieren. Das passiert uns allen. Tolerieren Sie diese Gedanken, und konzentrieren Sie sich wieder auf die Übung, auf die Atmung, die Körperempfindung, das Wort Radere und auf die programmierende Formel.

Ganz gleich, ob Sie sich in den Zustand der Entspannung versetzen zur Selbstanalyse, also um z. B. Kindheitserinnerungen zu Tage zu fördern, oder ob Sie sich mit einer Suggestionsformel programmieren möchten – halten Sie alles schriftlich fest.

Die meiste Zeit des Tages befindet sich unser Gehirn im Bereich der Beta-Wellen, d. h. einem Wellenrhythmus des Gehirns von 20 Zyklen pro Sekunde. Im entspannten Bewußtseinszustand erzeugt unser Gehirn Alpha-Wellen mit einem Rhythmus von 8–14 Zyklen pro Sekunde. Der Alpha-Wellen-Rhythmus ist der stärkste und effektivste, der uns einmal Entspannung bringt, aber auch sehr günstig zur Programmierung unseres inneren Bewußtseins geeignet ist.

Nach etwa 8–10 Tagen beherrschen wir unsere Entspannungsübungen. Oft möchten wir in einer schwierigen Situation, eventuell auch unterwegs mehr Ruhe und Gelassenheit gewinnen. Ich möchte Ihnen jetzt eine Technik verraten, mit der Sie praktisch in Sekundenschnelle das heilsame Entspannungsgefühl abrufen können. Ein gleichwertiger Ersatz für die ganzheitliche Tiefenentspannung ist dies allerdings nicht.

Die Daumennageltechnik: Zunächst bringen Sie sich mit der vorne geschilderten Methode in die Entspannungssituation. Dann drücken Sie mit dem Zeigefinger leicht auf den gleichseitigen Daumennagel. Gleichzeitig geben Sie sich den Gedanken: «Immer wenn ich auf meinen Daumennagel drücke, werde ich meinen Geist und meinen Körper in kürzester Zeit in einen angenehmen Entspannungszustand versetzen.»

Wenn Sie die Daumennageltechnik zwei- bis dreimal an die Tiefenentspannung gekoppelt haben, genügt es oft, daß Sie allein diese Kurzform anwenden, um in eine Entspannungssituation zu kommen. Verstärken können Sie den Effekt, wenn Sie den Druck auf den Daumennagel verringern und wieder verstärken. Zu einem zusätzlichen Streßabbau gelangt man, wenn man mit dem Zeigefinger auf der Unterseite vom Daumenansatz bis zur Daumenspitze entlangstreicht.

Haben wir einmal den günstigen Einfluß der Entspannung erfahren, so können wir uns mit einigen kurzen Formeln und Gedanken auch unterwegs und zwischendurch innerhalb von 1–2 Minuten in eine entspannte Situation begeben. Noch zwei Kurzübungen möchte ich Ihnen vorstellen.

Schwer wie ein Stein – leicht wie eine Feder: Sitzend atmen Sie ruhig und tief ein und aus. Nun spannen Sie alle Muskeln des Körpers an und stellen sich vor, sie seien schwer wie ein Stein. Halten Sie diese energetische Anspannung etwa 5–7 Sekunden aus. Dann lassen Sie sich mit der Vorstellung «leicht wie eine Feder» in einer tiefen Ausatmung in die Entspannung fallen. Durch die massive körperliche Anspannung und die darauffolgende Lösung erreichen Sie einen angenehmen Entspannungszustand zwischendurch. Wiederholen Sie die Übung einige Male.

Die liegende Acht malen: Sie sitzen wieder entspannt und atmen ruhig ein und aus. Der Atemrhythmus fließt wie ein ruhiger großer Strom, kommt und geht wie die Wellen des Meeres. Nun stellen Sie sich vor, daß aus Ihrer

Nase ein federleichter Pinsel wächst, mit dem Sie mit kleinen sanften Kopfbewegungen auf eine imaginäre Leinwand eine liegende unendliche Acht malen. Gelingt das, dann malen Sie die liegende Acht auch in der anderen Richtung.

Kapitel 5

Vom Gehirn aufs Papier

Intuition, das Knüpfen von Gedankenverbindungen, ist ein Vorgang, der nicht vom Himmel fällt, sondern den wir lernen können. Diese Veränderungen durch Wachstum, die gekonnte Beherrschung des Lebens, kann jeder lernen, der es versteht, sein Gehirn richtig zu benutzen. Kreative Gedankenarbeit ist kaum in einer Streßsituation, sondern immer nur in einer völligen Entspannung möglich. Wir werden in diesem Kapitel noch intensiver sehen lernen, daß wir bisher nur einen verschwindend kleinen Teil unserer Gehirnkapazität genutzt haben.

Wenn wir unser Gehirn umprogrammieren wollen, müssen wir in diesen Vorgang, wie bereits betont, unser Herz, unser Gefühl einschließen. Durch diese Synchronisierung des Gehirns, d. h. durch die Beteiligung *aller* Hirnteile, können wir an der aufregendsten Entdeckung der heutigen Gehirnforschung teilhaben.

Im Zustand der Entspannung werden unsere beiden Gehirnhälften, die normalerweise Wellen unterschiedlicher Frequenz und Amplitude erzeugen, dergestalt synchronisiert, daß sie beide dieselben, aber sehr viel intensivere, wirksamere Gehirnwellen erzeugen. Sicher haben wir manchmal den Eindruck, heute haben wir einen guten Tag, und dann wieder glauben wir, heute läuft alles schief. Aber gerade da gilt es zu erlernen, daß wir auf dieses Gefühl einen Einfluß haben. Durch die Entspannung und eine bildliche Vorstellung können wir aktiv eine innigere

Verbindung zwischen dem «alten» Gehirn, dem Mittelhirn und den beiden Hemisphären des neuen Gehirns herstellen und verfestigen. Wenn wir uns tief entspannen, erreichen wir einen Zustand körperlicher und emotionaler Harmonie. Wenn wir jetzt bei der Arbeit mit diesem Buch in eine Phase unseres Lebens eingetreten sind, wo wir in uns etwas Entscheidendes ändern wollen, müssen wir die tiefe Entspannung akzeptieren als sehr wichtigen Schritt, um näher an unsere Gefühle zu kommen.

Fragen wir zunächst einmal nicht, wie wir unsere Probleme gelöst bekommen, konzentrieren wir uns vielmehr auf das, was funktioniert. Lernen wir, uns richtig zu entspannen, und erfahren wir Frieden, Freude und schöpferische Harmonie in uns. Denken wir zunächst einmal daran, was uns in diesem Moment am wichtigsten ist, was uns glücklich macht.

Daß wir am Anfang skeptisch sind, ob sich denn tatsächlich so viel in unserem Leben durch Entspannung, Analyse unserer Lebensgeschichte und das Aufschreiben verändern wird, ist verständlich. Doch schon bald spüren wir, daß wir unsere Ängste nur überwinden können, wenn wir uns zu dem bekennen, was wir wirklich wollen. Später, wenn wir stark genug geworden sind, lassen sich unsere Probleme spielend lösen; jetzt, wo wir uns noch schwach fühlen, erdrücken sie uns doch nur.

Wenn wir uns unser Nervensystem zum Verbündeten machen, können wir durch die Hölle der Ängste, der Zweifel, der vielen falschen Konditionierungen zu unserem unversehrten, friedlichen Wesenskern vorstoßen. Auch wenn es Sie jetzt drängt, im Buch weiterzulesen – es ist die Grundlage jeder weiteren Arbeit, sich die im vorigen Kapitel beschriebene Entspannungstechnik oder aber auch eine andere Form der Tiefenentspannung anzueignen.

Wir können nicht unser ganzes Leben von Grund auf neu überdenken, neu bewerten und umstellen ohne eine effiziente Entspannungstechnik. Daß auch wir die Zeit dazu haben, diese zu erlernen, haben wir inzwischen begriffen. Und daß auch der zappeligste, hektischste, verkrampfteste Zeitgenosse dazu in der Lage ist, gilt ebenso. Aber auch die sogenannten total Coolen, die angeblich nichts aus der Ruhe bringen kann, sollten einmal darüber nachdenken, woher ihre Rückenschmerzen, ihre Migräne oder ihre Schwierigkeiten mit anderen Menschen kommen. Entspannung ist ein biologisches Muß, Entspannung verändert unser ganzes Leben, Entspannung erweitert unsere ganze Persönlichkeit (Richard L. Johnson).

Erst in der Tiefenentspannung werden die Verbindungen zwischen alten und neuen Hirnteilen so gebahnt, daß unsere mögliche Gehirnfunktion voll zur Entfaltung kommt: Unsere Gefühle werden intensiver und stärker, es eröffnet sich uns ein intensiveres Erleben sowie ein emotionaler Reichtum, und wir können bewußt unseren Ängsten begegnen, um sie zu transformieren. Wir brauchen keine Psychopharmaka, keinen Alkohol und andere stimmungsverändernde Drogen mehr.

Bereits die moderne Physik Einsteins führt uns an die Grenze unserer Erfahrung, indem sie beweist, daß eigentlich kein grundsätzlicher Unterschied zwischen Materie und Energie, zwischen Teilchen und Welle besteht. Wir sind nicht nur Fleisch, Knochen, Blut, Haut, wir sind ein Energiefeld. Neurotransmitter, Gehirnwellen, Gefühle, Lebensbewältigung sind nicht so völlig verschiedene Dinge.

Ursache für Streß sind nicht die anderen, Ursache für Streß ist unser Gehirn – und das können wir beeinflussen. In der Entspannung des gesamten Gehirns können wir die Hirnwellen verlangsamen und erreichen dadurch eine schöpferische Ausweitung unserer gesamten Gehirnkapazität. Ich habe Ihnen schon gesagt, daß eine entsprechende Veränderung nie unter Mühen, Kraftanstrengung und Zwang möglich ist, sondern dadurch, daß unser Gehirn einfach zuläßt, daß unser Herz und unser Geist einen friedensstiftenden Einfluß ausüben.

Haben Sie Geduld mit sich. Bedenken Sie, daß das Erlernen der Entspannungstechnik ein Prozeß wie etwa Laufenlernen und Fahrradfahren ist und seine Zeit braucht. Der Prozeß des Verinnerlichens geht jedoch um so schneller und wirksamer, je deutlicher wir die Rückkoppelungsmeldungen unseres Körpers und unserer Seele (das innere sinnliche Feedback) mit all unseren Sinnen beobachten.

Wir haben im vorigen Kapitel gesehen, daß ein Wort oder ein Satz ein Bild in uns erzeugt. Versuchen wir immer wieder, uns dieses Bild – ein Haus, eine Landschaft, eine Beziehung – so plastisch, so körperlich, so beladen mit Gefühlen wie möglich vorzustellen. Lassen wir unseren Gedanken freien Lauf, lassen Sie sie los, lassen Sie sie alle Grenzen und Mauern überwinden. Sinkt unsere Konzentration, schweifen unsere Gedanken ab, versuchen wir es nach einer kurzen Pause ohne Krampf und Frust in Ruhe und Geduld noch einmal.

In der tiefen Entspannung erhalten wir die Bilder aus unserem Innern. Die sind für unsere Arbeit sehr viel wichtiger als alle Bilder, die wir von anderen Menschen empfangen. Nach einer Phase des Übens spüren wir in uns das Gefühl der Ausdehnung und merken, wie alle bisherigen Begrenzungen, Einengungen von uns abfallen. Oft spüren wir auch regelrecht die konkreten Energieschwingungen unserer Gehirnwellen.

In der vollkommenen Einheit mit unserem Innern tauchen Gefühle und Bilder auf. Versuchen wir, diese in Worte und Sätze zu bringen, und schreiben wir das auf. Aus Erfahrung weiß ich, daß dieser Vorgang der Umsetzung zu Beginn vielen Menschen Probleme bereitet.

Sorgen Sie sich nicht um den Inhalt des Geschriebenen. Da ich Ihnen immer wieder Bilder vorgebe, gehen Ihnen die Themen nicht so schnell aus. Lassen Sie Ihr innerstes Ich zu sich sprechen, lauschen Sie ihm, achten Sie nur auf Ihr Gefühl, die Worte bilden sich von allein. Schon bald spüren wir die unermeßliche Ausdehnung unserer Vorstellungskraft.

Jeder Mensch kann schreiben. Lassen Sie sich einmal meine Geschichte erzählen, vielleicht verspüren Sie auch einen ähnlichen Kick. Aufsatzschreiben war in der Schule, auch in den ersten Gymnasiumklassen noch, für mich die größte Tortur. Zu Hause saß ich in der Küche und drängte meine Mutter, mir einen Satz nach dem anderen einzugeben. In der Schule pendelte ich jahrelang ohne Aussicht auf eine Besserung in Deutsch zwischen vier und fünf. Eines Tages hatten wir in einer Klassenarbeit einen Aufsatz über das Glockenläuten zu schreiben. Da ich damals in einem kleinen Dorf lebte, kannte ich mich mit den verschiedenen Formen des Glockenläuterns bestens aus. Wir Schüler mußten die beiden Glocken, die große und die kleine, in der Dorfkirche regelmäßig betätigen, d. h. an den Stricken ziehen. Ich kannte die Morgenglocke, die Elfuhrglocke, die Abendglocke, das Geläut zum Kirchgang, zum Vaterunser. Das Läuten beim Tod einer Frau war anders als das Geläut, das den Tod eines männlichen Dorfbewohners mitteilte. Der Weg vom Trauerhaus zum Friedhof mußte von uns Schulkindern durch Signale («das Winken») überwacht und in Glockengeläut umgesetzt werden usw. – Plötzlich war da etwas, über das ich zu schreiben hatte, das ich einmal bestens kannte, wo ich nicht auf eine Eingebung von außen schielen mußte. Daß ich Versager eine Eins schrieb, war die Sensation. Das blieb jedoch kein einmaliger Glücksfall, ab dieser Zeit sah ich das Aufsatzschreiben mit völlig anderen Augen. Ich wußte auf einmal, ich habe ja alle Gedanken und Gefühle in mir drin, ich kann mich auf diese Schatzkammer verlassen. Von einem Tag auf den anderen waren die Blockaden weg, und Aufsatzschreiben wurde zu einer schönen und erfolgreichen Beschäftigung.

Im Rahmen unserer Selbstanalyse haben wir es aber viel einfacher, wir brauchen keine schönen Aufsätze zu schreiben. Ohne uns um Rechtschreibung und Zeichensetzung zu kümmern, sollten wir versuchen, einfach darauf loszuschreiben. Ängste sind nicht angebracht, da niemand uns wegen unseres Schreibstils kritisieren und persönlich angreifen wird. Überhaupt: Es gibt keine allgemeingültige, richtige Art zu schreiben. Befreien Sie sich von vorgefaßten Meinungen, wie man zu schreiben habe, und schreiben Sie, was Sie denken und fühlen. Und Sie werden sehen, schreiben ist nicht schwierig. Nur manchmal müssen wir unsere inneren Blockierungen überwinden, und das geht am einfachsten durch die Entspannung. Gestatten wir einfach den Wellen kreativer Energie, frei zu fließen.

Das Aufschreiben unserer Gefühle ist selbst wieder ein Akt der Imagination, ein Aktivitätsschub, der die Nervenverbindungen zwischen unseren beiden Gehirnhemisphären stärkt. Schicht für Schicht arbeiten wir uns nach innen, lauschen, was uns unser Herz und unser Geist zu sagen haben, und entdecken in uns ein gewaltiges Reservoir an innerer Weisheit. Wir schreiben uns tatsächlich die Seele frei und entdecken täglich neue Seiten an uns.

Zum Beispiel muß unsere tägliche Arbeit nicht hart, schwierig und anstrengend sein, damit wir Erfolg haben. Zwar sollten wir mit Konzentration, Zielstrebigkeit und Beharrlichkeit ans Werk gehen, doch wir können sehr wohl unsere Arbeit entspannter, ruhiger, harmonischer, mit weniger Mühe angehen.

Wir brauchen auch nicht immer alles unter Kontrolle zu haben, wir müssen nicht immer Herr der Lage sein. Denn dieser Kampf kostet uns Kraft und hindert uns an der Entspannung. Solange wir glauben, wir würden ständig falsch behandelt, lassen wir unsere kostbare Energie schlucken und fühlen uns von den Ereignissen überrannt. Durch regelmäßige Entspannung entfernen wir uns tatsächlich immer mehr von Aggressivität, Gewalt, Unehrlichkeit, Haß, Wut und kultivieren unser Gefühl des Friedens und des Glücks, der Ehrlichkeit, der Liebe. Aus einengenden Pflichten und Zwängen finden wir den Weg in die Vielfalt und Freiheit von Entscheidungsmöglichkeiten. Die jüngste Hirnforschung hat bewiesen, daß die Leistungsfähigkeit unseres Gehirns selbst in fortgeschrittenem Alter zum Wachstum fähig ist.

Es ist wichtig, daß wir uns zu Beginn angenehme Bilder in der Entspannungssituation vorstellen. Überlegen wir uns Bilder, die das Gefühl von Frieden und Glück aus-

strahlen, vielleicht ein Urlaub am Meer, eine Sommer-
wiese, ein Aufenthalt in den Bergen.

Schaffen Sie sich – insbesondere für die ersten Aufzeichnungen – eine angenehme, gemütliche Atmosphäre.
Besorgen Sie sich gutes, praktisches Papier, das ideale
Schreibgerät. Die meisten meiner Klienten und ich bevorzugen gelochtes, rautiertes DIN A4 Papier, das man in
einem Ordner abheften kann. Aber natürlich ist auch die
Benutzung von Schreibmaschine oder Computer möglich.

Auch wenn wir die Augen während der Entspannungsphase geschlossen haben, gelingt nach einer Eingewöh-
nungsphase der Wechsel zwischen Lesen – Entspannung –
Schreiben problemlos, da wir ja bald vieles auswendig
wissen.

Versuchen Sie nicht ständig, Ordnung in Ihre Aufzeichnungen zu bringen. Gerade die «unmöglichen»
Kombinationen von Einfällen machen das eigentliche
schöpferische Denken aus.

Sie sollten zu Beginn die Entspannung so durchführen,
wie im vorigen Kapitel eingehend beschrieben. Nach einer gewissen Zeit sind Sie aber vielleicht schon relativ
schnell in der Entspannungssituation, so daß es eventuell
reicht, nur einige Male tief durchzuatmen oder sich die
Affirmation «Radere» nur einige Minuten einzugeben.
Ich sagte Ihnen schon, daß dieses Wort auch durch andere, eventuell mit positivem Inhalt versehene Wörter wie
«Frieden» oder kurze Sätze wie «Ich fühle mich ganz tief
entspannt» ersetzt werden kann.

Wer dadurch nicht in eine ausreichend tiefe Entspannung gerät, kann eventuell auch einmal die Methode von
R. L. Johnson probieren: Nach dem tiefen Durchatmen
stellen Sie sich einen Smaragd im Zentrum Ihrer Brust vor,

und lassen seine grünen Wellen in Ihren ganzen Körper ausstrahlen. Dann stellen Sie sich den Smaragd im Zentrum Ihres Gehirns vor, und lassen Sie sich ihn in Ihrem ganzen Gehirn ausdehnen, lassen sich mit seinen entspannenden, grünen Wellen ausfüllen. Spüren Sie die Wellen im alten Gehirn, wo das Rückenmark in Ihren Kopf mündet, im Mittelhirn direkt oberhalb des alten Gehirns und schließlich in der rechten Hirnhälfte und dann in der linken Hirnhälfte. Die grünen, langsamen Wellen dehnen sich, von Ihrem Kopf ausgehend, über den ganzen Körper aus.

Dann werden die grünen Wellen blau und werden von einem blauen Saphir im Zentrum unseres Gehirns ausgesandt. Nach erfolgreicher Imagination wechseln Sie noch einmal auf die violetten Wellen des Amethysts und schließlich auf die weißen Wellen des Diamants.

Probieren Sie diese Methode ruhig einmal aus. Etwa zwanzig Prozent meiner Patienten erfuhren hierdurch eine gleich gute Entspannung wie durch die von mir beschriebene.

Es ist immer sinnvoll, mehrere Entspannungstechniken zu beherrschen, da wir nicht immer in der gleichen Verfassung sind. Manchmal können wir uns auf eine Methode besser konzentrieren als auf die andere. Regelmäßige Entspannung ist der sichere Weg, uns nicht ständig um unsere Gefühle herumzumogeln. Angst, Zorn und Traurigkeit sind Gefühle, die wir zwar vorübergehend einmal verdrängen, denen wir aber letztlich nicht ausweichen können. Deshalb lassen wir sie doch gleich in unser Haus und erkennen sie als Teil von uns an. Bekämpfen wir sie nicht. Ertragen wir einfach unsere Gefühle in ihrer ganzen Heftigkeit, und übernehmen wir für sie die Verantwortung. Schreiben Sie sich dann Zorn, Wut, Angst, Traurigkeit von der Seele. Und bauen wir dann in unserer Entspannungssituation Bilder des Friedens, der Liebe und der Harmonie auf. Da die Gesamtheit der Energie, also auch die der Gefühle in uns, konstant ist, werden dadurch die negativen Bilder und Vorstellungen automatisch kleiner.

In der Entspannungsphase, wenn wir uns in tiefere Bewußtseinsebenen hinabbegeben, erfahren wir, daß wir nicht ständig zwischen erduldeten, geschluckten Beleidigungen und Aggressivitäten hin und hergezerrt werden müssen, daß wir uns verabschieden können von den vielen einschränkenden Abers und daß wir richtig handeln können, vorausgesetzt, wir wissen, was wir wollen. – Aber natürlich wissen wir das eben manchmal nicht. Dann ist es sinnvoll, wenn wir in uns hineinlauschen und uns fragen, was wir empfinden, wenn wir uns diese oder die andere Entscheidungsmöglichkeit möglichst sinnlich, plastisch vorstellen.

Besonders wichtig ist, daß wir in die vor uns liegenden Probleme schon jetzt eine Ordnung, eine Werteskala bringen. Fragen wir, was wir am dringendsten möchten, und fragen wir uns dann, wie könnte der erste kleine Schritt aussehen in Richtung auf dieses Ziel. Und dann handeln wir und tun genau diesen Schritt. Dann fragen Sie sich wieder, was Sie wollen und was der nächste Schritt sein könnte.

In der Entspannungssituation und beim anschließenden Aufschreiben steigen oft Lösungsmöglichkeiten von ganz allein in unser Bewußtsein, nur so, ohne Kraftanstrengung, einfach weil wir uns locker und gelöst mit einer Sache auseinandersetzen. Stellen wir uns gezielt

Fragen, was genau wir ändern möchten. Welche Gefühle erfahren wir, wenn wir an diese oder jene Lösungsmöglichkeit denken? Welche der möglichen Handlungen fühlt sich am besten an?

Versuchen wir, schon bei unseren ersten Entspannungen und Aufzeichnungen uns Gedanken über Beziehungen und Beziehungsstörungen zu machen. Wie läuft dieser Prozeß des Bindens an einen anderen Menschen ab? Warum klammern wir uns an, warum suchen wir so eifrig Liebe außerhalb von uns? Machen wir uns von Anfang an klar, daß es von der Natur nicht beabsichtigt ist und auch keineswegs edler ist, jemand anderen zu lieben als sich selbst zu lieben. Entwickeln wir unsere Liebesfähigkeit zu uns selbst, tun wir uns selbst etwas Gutes. Wir verdienen es, daß wir uns Zeit für uns nehmen. Aber nicht nur für unsere Seele, auch für unseren Körper.

Vermutlich haben wir schon begriffen, daß die Entspannung, von der hier die Rede ist, kein schlaffes Pennen und Abdriften ist, sondern daß es hier um ganz entscheidende Veränderungen geht. Doch die Veränderung unserer falschen, einengenden Überzeugungen ist kein leichtes Unterfangen.

In der Entspannung wächst zwar Gelassenheit und Ruhe, aber auch Mut, Überzeugungskraft, Aktivität und Weisheit. Wenn wir uns ändern wollen, müssen wir den Sprung in die neue, richtige Überzeugung wagen. Unsere Überzeugungen sind zu ändern, nicht aber die äußere Wirklichkeit und die Gefühle und Gedanken der anderen.

Welche vorgefaßten Meinungen haben wir in bezug auf Geld, Zeit und eigene Fähigkeiten? Ständig glauben wir, wir hätten nicht genug davon. Und nachgewiesenermaßen hat fast jeder heute mehr Geld zur Verfügung als zu jeder anderen Epoche. Zeit haben wir nicht zum Entspannen und zum Tagebuchschreiben, aber zum Arbeiten und Saubermachen! Und dabei brauchen wir doch nur an der Schraube «Überzeugungen» ein bißchen zu drehen, und wir haben mehr freie Zeit denn je.

Ein Problem, dessen vollständige Bewältigung uns sicher erst im Laufe fortgeschrittener Arbeit möglich sein wird, ist das Loslassen von Projektionen. Wir sollten es aber von Anfang an ganz besonders im Auge behalten. Wir alle haben uns angewöhnt – um uns zu entlasten –, eigene Fehler, Wünsche, Schuldgefühle, unerlaubte Triebimpulse oder ähnliche Gefühle auf andere Personen zu übertragen. Es wird uns in der Selbstanalyse zunächst schwerfallen, diese als Teil unserer selbst anzuerkennen. Durch diese Projektionen unserer negativen Anteile auf andere verzerren wir nicht nur die ganze Situation, wir isolieren uns dadurch auch von den fälschlicherweise Beschuldigten, weil wir ihren wahren Kern gar nicht kennenlernen. Der andere wird zur Leinwand degradiert, auf die wir die Dinge projizieren, die uns an uns selbst nicht gefallen. Natürlich gibt es auch positive Projektionen, indem wir andere als intelligenter, tatkräftiger, großzügiger sehen und uns selbst minderwertig.

Da von unseren Projektionen am ehesten unsere nächsten Mitmenschen betroffen sind und die natürlich auch projizieren, ist dieses Phänomen eines der Hauptgründe für ständige Beziehungsprobleme. Wenn andere uns wütend, traurig, ängstlich machen, sind da Projektionen im Spiel. Da das Aufdecken dieser Projektionen ein sehr wichtiger Bestandteil der Selbstanalyse ist, behalten wir dieses Problem während der Durcharbeitung des Buches immer vor Augen. Da unser Selbstbild in erster Linie von den Interaktionen mit unseren Eltern geprägt ist und wir später als Erwachsene oft in Beziehungen eintreten, die ein starkes Element dieser Projektionen auf die Eltern aufweisen, werden wir uns auch in den nächsten Kapiteln beim Durcharbeiten unserer Lebensgeschichte immer wieder mit dieser Problematik beschäftigen.

Es ist verständlich, daß unsere Projektionen meistens wenig mit den tatsächlichen Eigenschaften der jeweiligen Personen zu tun haben und daß wir prinzipiell dazu neigen, unsere Auffassung von der Wirklichkeit für die Wirklichkeit zu halten. Sobald wir uns öffnen und zum Wachstum bereit sind, werden wir uns immer wieder hinterfragen, wenn wir einen Menschen zu sehr verteufeln oder einen anderen zu sehr idealisieren, inwieweit hierbei Projektionen eine Rolle spielen. Sie werden sehen, daß in der Entspannungssituation – wenn wir uns vorstellen, wir begegnen diesem Menschen an unserem inneren Ort des Friedens – ein Aufeinanderzugehen auch in der Wirklichkeit einfacher wird.

Wenn Sie z. B. im nächsten Kapitel die Erinnerungen an Ihre Kindheit durchgehen, nehmen Sie sich einen ganz bestimmten Aspekt vor, etwa das Verhältnis zu Ihrer Mutter, als Sie ein kleines Kind waren. Versetzen Sie sich immer zunächst in die Entspannungssituation, stellen Sie sich dann ganz plastisch die Mutter vor, Szenen, die sich abspielten, schöne und weniger schöne Ereignisse, Gespräche, Stimmungen. Anschließend schreiben Sie diese Erfahrungen auf, wobei Sie besonders auf Ihre seelischen und körperlichen Empfindungen achten. Denken Sie von Anfang an an das Loslassen von Projektionen!

Entspannung und Schreiben unserer Gedanken sind schöpferische Prozesse, und sie steigern deshalb unsere

Kreativität. Nicht nur Künstler und geniale Staatenlenker können ihre inneren Visionen in die Wirklichkeit umsetzen. Jeder von uns hat seine persönliche, höchst interessante Lebensgeschichte, die er mit Hilfe der Selbstanalyse erkennen und verwirklichen kann.

Aber was tun, wenn wir bisher nicht zu den Glücklichen gehörten, die allein durch ihre Erscheinung und die Art ihres Auftretens, durch ihre Ausstrahlung alles verzauberten? Die Antwort ist einfach: Da unser Schicksal nicht von geheimnisvollen Mächten gemacht, sondern von unserem Gehirn gesteuert wird, können wir unsere Geschichte ganz einfach «umschreiben». Erstellen Sie sich in Ihrer Phantasie ein kreatives und erfülltes Leben. Wir fragen uns in der Selbstanalyse, welche Probleme hinter unseren bisherigen Mißerfolgen und Enttäuschungen stecken. Haben wir diese identifiziert, beginnen wir mit dem schöpferischen Ausmalen einer besseren Zukunft. Hierdurch entsteht eine kreative Energie, die es uns bald ermöglichen wird, klare, realistische Pläne in die Wirklichkeit umzusetzen. Unser Verstand wird dabei die bereits erfahrenen Begriffe beisteuern, unser Geist wird die noch unbekannten, aber schon in unserer Phantasie existenten Ideen hinzufügen.

Achten wir deshalb von Anfang an während der Entspannungs- und Schreibphase auf die Intuition, die Fähigkeit, das Unbekannte zu erkennen. Dieses geheime, oft verschüttete innere Wissen um das, was für uns wichtig ist, haben wir alle in uns. Wir müssen uns nur etwas vom Durchdenken bis zum Durchfühlen bewegen. Sinnliche Bilder zu fühlen ist mehr als darüber nachzudenken. In dieser Phase der Sammlung, dem Brainstorming oder Clustering (vgl. Seite 80) sollten wir lediglich Ideen zur

Kenntnis nehmen und uns nicht den Kopf nach Lösungsmöglichkeiten zerbrechen. Es darf jedoch nicht zu einem Verlieren in den Tagträumen kommen, wir müssen in sich anschließenden kleinen Schritten diese kreativ-intuitive Geistestätigkeit in die Tat umsetzen.

Daß auch unsere «richtigen» Träume, also die Nachtträume, von ganz praktischer Bedeutung für unsere Selbstanalyse sind, versteht sich von selbst. Träume sprechen die wahre Beschaffenheit unserer Gefühle und Intuitionen aus. Träume können unser Leben mit Bildern, Ideen, Erkenntnissen, verschollenen Einsichten bereichern. Träume inspirieren uns, Träume decken auf, Träume geben aber auch neue Rätsel auf, die wir entschlüsseln können. Schreiben wir sie also auf!

Was wir instinktiv alle wissen, daß ein Traum etwas bedeuten muß, hat die Traumforschung wissenschaftlich untermauert. Träume haben nicht nur einen Sinn, sie können uns sogar helfen, Probleme zu lösen. Traumdeutung – Freuds Königsweg ins Unbewußte – ist nicht länger eine geheimnisvolle Psychosonde für Spezialisten: Jeder kann lernen, seine Traumbilder zu interpretieren. Mögen unsere Träume auch noch so verrückt und unrealistisch sein – wir spüren sehr deutlich, daß diese Visionen etwas mit uns ganz persönlich zu tun haben und keineswegs völlig frei von unserem Gehirn erfunden wurden. Manche Träume sind gar nicht so schwer zu dechiffrieren, wir ahnen, daß sich da verdrängte Wünsche und nicht eingestandene Gefühle offenbaren. Ein Traum handelt immer von etwas, was uns gerade beschäftigt. Wir müssen nur den Zusammenhang zu unserem Alltag herstellen.

Sogenannte Traumlexika, die uns Einheitsdeutungen für verschiedene Szenen anbieten, können wir getrost vergessen. Jeder muß für sich selbst den Symbolcharakter wiederkehrender Traumelemente erkennen. Selbst die Traumklassiker wie Fallen, Fliegen, ausgefallene Zähne, Nacktheit usw. bedeuten nicht für jeden das gleiche. Da wir unsere Träume nicht – wie unsere Gedanken im Wachzustand – zensieren können und müssen, kennt der Traum keine Tabus, und wir brauchen auch keine Gewissensbisse zu haben, wenn wir «unanständige Dinge» träumen. Verständlich jedoch, daß gerade Erotik im Traum eine wichtige Rolle spielt und sich gerne raffiniert verkleidet. Nicht immer sind es schwappende Fluten oder ratternde Züge, die eine sexuelle Erregung andeuten.

Manchmal wissen wir im Traum, daß wir träumen, manchmal können wir nach dem Aufwachen gar nicht glauben, daß das, was wir im Traum erlebt haben, nicht Wirklichkeit ist. Manchen Träumern gelingt es sogar, bewußt in den Traum zurückzukehren. Andere Traumprofis schütteln beunruhigende, immer wiederkehrende Träume dadurch ab, indem Sie sie einem guten Freund erzählen.

Oft sind wir jedoch machtlos einem nächtlichen Horror ausgesetzt: den Alpträumen, die uns erbarmungslos jagen und in die Enge treiben, die uns im Morast einer modrigen Gruft ersticken oder zermalmen wollen. Diese lähmenden Angstträume treten meistens gegen Morgen auf und können uns so sehr zusetzen, daß sie uns auch noch den ganzen nächsten Tag vergällen.

Traumexperten deuten Alpträume als eine Bestrafung, die wir uns selbst auferlegen, oder als «Schatten» (C. G. Jung), den wir im Wachzustand abwimmeln und der dann nachts den Aufstand probt.

Was ist zu tun? Die Gestalttherapie Fritz Perls sieht in allen Figuren eines Traumes abgespaltene Teile der eigenen Persönlichkeit. Unsere zwei Teilpersönlichkeiten, die Stimme des Gewissens und unsere Bedürfnisse, liegen nicht selten im Clinch miteinander. Ob wir nun unsere Bedürfnisse unterdrücken oder ihnen nachgeben, immer entsteht ein Konflikt, der Angst und ein schlechtes Gewissen erzeugt. Im nächtlichen Alp dokumentiert sich dieser Kampf zwischen den strengen Forderungen und unserer inneren Stimme.

Nur indem wir unsere Wünsche erkennen, akzeptieren und in unsere Persönlichkeit integrieren, können wir Frieden mit uns selbst schließen. – Eine andere Möglichkeit der Auseinandersetzung besteht darin, daß wir uns darin üben, den Traum als Traum zu erkennen und die angsterzeugenden Figuren sofort zur Rede stellen. Diese Technik des «Klarträumens» kann jeder nach Meinung von Traumexperten dadurch erlernen, daß er sich kritische Grundeinstellungen und ungewöhnliche Erlebnisse eines Alptraums im Wachzustand klarmacht und dann auf den Traum überträgt. Wenn es uns gelingt, uns mit der bedrohlichen Traumfigur zu einigen, können wir auch zu einem Ausgleich zwischen Bedürfnissen, Zielen und Gewissenforderungen finden.

Was in unserem Körper biologisch abläuft, wenn wir träumen, hat die Schlafforschung gründlich untersucht. Den schnell rollenden Augenbewegungen hinter geschlossenen Lidern *(Rapid Eye Movements = REM-Schlaf)* entsprechen heftige Aktivitäten des Gehirns. Initialzündung für die Traumproduktion sind Stromsignale, die vom Hirnstamm zum Großhirn gefeuert werden. Vier bis fünf solcher Traumphasen durchleben wir in einer Nacht. Oft erwachen wir am Ende der letzten gegen Morgen und erinnern uns auch nur an diese.

Soviel uns auch die Schlaf- und Traumforscher heute über den Traum sagen können, über den Sinn des Träumens besteht keine einhellige Meinung. Sicher ist der Traum nicht nur die Aktivierung einzelner Hirnpartien oder die Übertragung von Kurzzeit- zu Langzeitinformationen, sondern eher die innere Anpassung an unsere Lebensrealität. Im Traum erfahren wir die vom Wachzustand verdrängte oder ignorierte seelische Wirklichkeit. Träume können uns die Funktionsweise unseres Innenlebens mit all seinen Konflikten und heilkräftigen Quellen offenbaren. Der erste Schritt zur Auseinandersetzung mit diesen kreativen inneren Filmen ist das Behalten und das Aufschreiben unserer Träume.

Sie sehen bereits jetzt, daß es sehr viele Mosaiksteinchen sind, die langsam dazu führen, daß wir schließlich unser gesamtes persönliches Potential entfalten und das Verhältnis zu anderen Menschen positiv beeinflussen. Sobald wir synchron mit unserem Innern leben, gelingt es uns auch, synchron mit den Menschen in unserer Familie, mit Freunden und Bekannten, Arbeitskollegen, ja mit allen Menschen zu leben.

Aus dem Wunsch, anderen zu helfen, erwachsen uns selbst gewaltige Kräfte. Indem wir uns für alles öffnen, gestatten wir auch dem Gefühl der Verbundenheit, sich in unserem Herzen auszudehnen. Wir können mit uns vertrauten Menschen noch mehr verschmelzen, Vertrauen schenken und empfangen. Lassen Sie es zu, daß sich das Gefühl von Nützlichkeit in Ihnen weiter ausdehnt. Schließen Sie Frieden mit Ihren Mitmenschen, auch mit denen, die Sie ärgern und schlecht behandeln.

Überzeugen Sie auch andere von dem heilsamen Einfluß einer tiefen Entspannung, und Sie werden sehen, daß selbst soziale Konflikte sich in ihrer Umgebung entschärfen. Was wir denken, fühlen und tun, überträgt sich auch auf andere. Natürlich erlernen wir die Methode der Selbstanalyse zunächst einmal für uns, aber es kann eine zusätzliche Motivation sein, wenn wir wissen, daß wir in dem feinen Netzwerk zwischenmenschlicher Beziehungen sehr viel bewegen können. Je mehr wir in der Entspannungssituation und dem anschließenden Aufschreiben unserer Gedanken unsere inneren Grenzen loslassen, um so deutlicher erfahren wir ein Verbundensein mit der gesamten Menschheit, mit der Natur, ja mit dem ganzen Kosmos.

Kapitel 6

Der Weg durch die Kindheit

Nach psychoanalytischer Einschätzung bestimmen besonders die Erlebnisse und Eindrücke der ersten Lebensjahre unsere spätere Entwicklung. Auch wenn ein gewisser Teil unserer Ausdifferenzierung durch unsere
Erbanlage bestimmt ist – die weitaus größeren Einflüsse
auf unser Verhalten im späteren Leben hat unsere Umwelt in der Kindheit. Die Beschäftigung mit der Vergangenheit muß sein. Das ist nicht nur dieses Aufreißen von
alten Wunden, vor dem sich viele fürchten, es ist in erster
Linie das emotionale Verarbeiten von Kränkungen und
Verletzungen. Nur wenn wir diese Zusammenhänge
zwischen den kindheitlichen Konstellationen und unserem jetzigen Verhalten durchschauen, können wir die
Situation der Gegenwart und die Aufgaben der Zukunft
bewältigen.

Nur durch die Analyse der eigenen Kindheit können
wir die Vergangenheit verarbeiten. Das Leben jetzt läßt
sich nur vernünftig gestalten, wenn wir unsere Schuldgefühle von früher wiederbeleben. Wir können erkennen,
daß unsere innere Unsicherheit und Unruhe die freie Entfaltung unseres Charakters, unserer Persönlichkeit gehemmt hat. Wenn uns Aufgeschlossenheit, Offenheit,
Spontaneität fehlten, dann konnten wir uns auch nicht
unbefangen positiven Leitbildern hingeben und verfielen
in eine negativistische Lebenshaltung. Wenn das spon-
tane, gefühlsbetonte Realisieren nicht möglich ist, fehlt es

uns an Initiative, Lebendigkeit und Begeisterung. Je mehr unser Leben Kampf und Krampf ist, um so unkonzentrierter, lustloser, schlaffer und müder werden wir.

Die frühe Kindheit ist eine Lebensphase, die weitgehend unseren bewußten Blicken verborgen ist. Weite Teile unserer kindlichen Phantasie, des kindlichen Denkens und Erfahrens haben wir vergessen. Bei unserem Weg zurück in die Kindheit ist es wichtig, daß wir unsere kindliche Spontaneität und unsere damaligen Gefühle wiedergewinnen. Unser Unbewußtes hat all die Spuren unserer ersten Lebensjahre aufgezeichnet; in unserem Charakter, in unseren Trieben, in unseren Wunden. Jeder hat Erinnerungen, Wesensfragmente aus der eigenen Lebensgeschichte.

Im Prinzip könnten wir auch von der Gegenwart zurück in die Kindheit gehen. Es hat sich jedoch bewährt, in einer chronologischen Ordnung von der Geburt über die Kindheit, Jugendzeit, das Erwachsenenalter bis in die Jetztzeit vorzugehen. Erinnern wir uns besonders der Brüche und Krisen, der leeren Stellen, des schwankenden Selbstbewußtseins. Der Weg in die Kindheit ist lang und oft auch schmerzhaft. Wir brauchen viel Geduld und geschärfte Sinne, damit wir die feinen Vibrationen der Erinnerung verspüren.

Nachdem wir uns in entspannter Situation bestimmte Phasen bzw. Ereignisse der frühen Kindheit in Erinnerung gerufen und die begleitenden Gefühle registriert haben, öffnen wir die Augen und schreiben unsere Erinnerungen gleich nieder. Wichtig ist, daß wir gleich neben die gedankliche Erinnerung unsere gefühlsmäßige Verarbeitung von damals stellen; z. B. daß wir nicht nur erinnern, der Vater war streng und hart, sondern daß wir unsere Reaktion darauf, unsere Aggression, unsere Wut, unseren Ärger noch einmal erleben.

Beginnen wir, und fragen wir uns: Was ist meine früheste Kindheitserinnerung? Eventuell sind die frühen Erinnerungen, die meist in das zweite, dritte Lebensjahr reichen, auch von Erzählungen der Eltern oder von Fotografien gespeist. Grübeln wir, versuchen wir uns möglichst bildhaft zu erinnern.

Vermutlich gehören auch zu unseren frühesten Kindheitseindrücken Angsterlebnisse. Was waren unsere ersten Ängste? Oft haben uns Erwachsene, dunkle Räume, fremde Menschen Angst gemacht.

Waren wir im Kindergarten? Wie kamen wir mit Gleichaltrigen (Geschlechtsunterschiede?), wie mit den Erzieherinnen aus? Wurden wir gehänselt? Schämten wir uns, z. B. wegen des Andersseins, des Gewichts, der Körpergröße, einer Brille, wegen der Haarfarbe oder wegen der Kleidung?

Wurden wir zu Dingen gezwungen, die wir nicht einsehen konnten, z. B. Mittagsruhe, frühes Schlafengehen? Entwickelten wir Mißtrauen gegenüber der Richtigkeit von Anordnungen von Eltern und anderen Bezugspersonen?

Denken wir an unsere schlimmste Enttäuschung, unsere schwerste Strafe, unsere erste Einsamkeit. Aber auch an schöne Ereignisse, an lustige Spiele, an Freude.

Die Eltern sind normalerweise die Hauptfiguren in unserer Kindheitsgeschichte. Sie haben den entscheidensten Einfluß auf unsere spätere Lebensgestaltung. Sehr häufig empfinden wir ambivalente Gefühle gegenüber den Eltern, d. h. wir sehnen uns nach ihnen und lehnen sie gleichzeitig ab. Wichtigster Grund hierfür ist ihr zwiespältiges Verhalten uns gegenüber, sie fordern und verwöhnen gleichzeitig, sie arbeiten mit «Zuckerbrot und Peitsche».

Stellen wir uns bildhaft Mutter und Vater (oder die wichtigste weibliche und männliche Bezugsperson) vor. Ihr Alter, Beruf, ihre Persönlichkeit. Zählen wir in Gedanken alle ihre guten und schlechten Eigenschaften auf. Leben die Eltern noch? Was können wir sie heute noch fragen?

Konnten wir unsere Wünsche unbefangen vortragen? Haben sie uns eventuell blamiert oder verspottet? Ihre Strafmethoden und Belohnungen? Hatte ich Vertrauen zu ihnen? Wie war die Ehe der Eltern? Gab es Zärtlichkeiten, Streit, Gleichgültigkeit? Gab es Beeinträchtigungen durch besondere Probleme, wie uneheliche Geburt, Scheidung der Eltern, Alkoholprobleme eines Elternteils, Schlüsselkind usw.?

War der Vater oft abwesend, war er ehrgeizig, streng, hat er geschlagen? War die Mutter berufstätig, war sie zu Hause? War ich ein Einzelkind, oder gab es Geschwister, und wie kam ich mit diesen aus? Gab es Neidgefühle, Eifersucht? Fühlte ich mich gegenüber den Geschwistern bevorzugt oder benachteiligt?

Einzelkinder sind oft benachteiligt, weil sie nicht so gut lernen können, sich im Kreis der Geschwister anzupassen, durchzusetzen. Sie können ihre Erlebnisse und Gefühle nicht so gut besprechen. Spätere Kontaktschwierigkeiten und Hemmungen können die Folge sein.

Die älteren Kinder werden oft von relativ unerfahrenen, eher strengen Eltern großgezogen und müssen später eventuell einen unerwünschten Nebenbuhler ertragen. Die jüngsten Kinder werden in der Regel von erfahreneren, großzügigeren, eher verwöhnenden Eltern großgezogen und erlernen viele Verhaltensweisen lockerer, selbstverständlicher, weshalb jüngere Geschwister oft seelisch stabiler sind.

Die Geburt eines zusätzlichen Kindes kann für das ältere Kind eine schwere Enttäuschung darstellen. Es fühlt sich hintergangen und zurückgesetzt. Im Verlauf der weiteren Kindheit kommt es relativ oft zu Streit und Meinungsverschiedenheiten, manchmal auch zu sexuellen Spielen und Übergriffen.

Wie war das Verhältnis zu den Großeltern? Wohnten sie im gleichen Haus? Wie weit haben sie uns mit großgezogen und beeinflußt, verwöhnt?

Mit wem haben wir uns identifiziert, von wem haben wir uns distanziert?

Können wir uns an Kinderspiele, Geburtstagsfeiern, Feste erinnern? Wie fühlten wir uns dabei? Wie ertrug ich das Verlieren beim Spielen? Erlebten wir Todesfälle, Geburten in der Familie? Gab es sonst irgendwelche Störerfahrungen, Krisensituationen? Wie war die finanzielle, räumliche Situation der Familie?

Gab es irgendwelche sexuellen Erlebnisse? Erinnern wir uns an Schuldgefühle wegen «unanständiger» Wünsche? Wie wurde mit dem Thema Sexualität zu Hause umgegangen? Gab es Tabus? Wurde ich aufgeklärt? Gab es sexuelle Spiele in der Kindheit? Hatte ich selbst irgendwelche sexuellen Regungen in der frühen

Kindheit? Beobachteten wir z. B. den elterlichen Geschlechtsverkehr, den wir damals falsch deuteten?

Konnte ich mich als kleines Kind durchsetzen? Konnte ich mich verteidigen? War ich sehr abhängig von der Meinung anderer?

Gab es in der Familie gemeinsame Mahlzeiten, gemeinsame Spiele, Ausflüge, Reisen? Waren Freunde in der Familie willkommen? Wurde mein Kontaktbedürfnis zu anderen Kindern befriedigt, war ich einsam?

Gab es Spannungen zu Hause? Gab es viel Streit, Strafe, Schläge? Fühlte ich mich vernachlässigt, verlassen, war ich nachts manchmal allein? Konnte ich vertrauen, wurde mir Vertrauen entgegengebracht?

Hatten wir als Kind den Eindruck, daß wir erwünscht waren, oder haben uns die Eltern nicht wirklich angenommen? Oder wurden wir eher überfürsorglich, ängstlich bemuttert? Wurde jeder unserer Schritte überwacht, wurden wir abgeschirmt, ermahnt? Sind wir durch diese überfürsorgliche Verwöhnung und Bevormundung vielleicht verweichlicht worden?

Können wir eventuell Verständnis für das Verhalten der Eltern aufbringen? Können wir ihnen verzeihen? Können wir eventuell erkennen, daß ihr Ehrgeiz Folge von Minderwertigkeitsgefühlen und Geltungsbedürfnis ist? Können wir verstehen, warum sie stolz auf uns sein wollten?

Welche Erinnerungen haben wir über die Schulzeit? Können wir uns an unseren ersten Schultag erinnern? Wie verstanden wir uns mit Klassenkameraden und Lehrern? Waren wir gute, mäßige oder schlechte Schüler? Was haben wir gern gemacht, welche Fächer haben uns gelangweilt?

Wurden wir in der Schule oder zu Hause zu Pflichterfüllung, Ordnung, Sauberkeit und Pünktlichkeit angehalten? Wie bewerteten wir das damals, wie heute? Hatten wir Freunde, bevorzugten wir in der Freizeit das eigene oder das andere Geschlecht? Waren wir ängstlich oder mutig? Gehörten wir eher zu den Anführern oder zu den Mitläufern?

Wie weit löste ich mich in dieser Zeit vom Elternhaus? Hatte ich Hobbies? Wie war mein Verhältnis zu Tieren? Konnte ich befehlen und nein sagen? Konnte ich mich durchsetzen und verteidigen? Trieb ich Sport? Gab es irgendwelche körperlichen oder seelischen Probleme? Bettnässen, Daumenlutschen, Nägelkauen? Wie war mein Körpergewicht, mein Appetit, meine Verdauung?

Habe ich aus der Entfernung von heute den Eindruck, daß meine Erziehung autoritär war und daß dadurch seelische Anlagen verkümmerten? Wurde ich in der Schule oder im Elternhaus gedemütigt, gekränkt, verletzt? Konnte ich Wut, Ärger, Haß zeigen? Hatte ich Rachgefühle?

Sie sehen, es kommt also eine ganze Menge an «Material» auf uns zu. Bewältigen können wir diese neue Gedanken- und Gefühlsflut nur, wenn wir sie in verarbeitbare Portionen aufgliedern und – was ganz wichtig ist – aufschreiben.

Oft reicht bereits eine verstandesmäßige, intellektuelle Auseinandersetzung mit unseren Problemen in der Kindheit. Oft bedarf es aber einer harten Arbeit in der Selbstanalyse oder auch fremder Hilfe, um die seelischen Verletzungen und verdrängten Affekte der Kindheit zu verarbeiten.

Eine Zeitvorgabe kann ich Ihnen deshalb nicht machen. Aber Sie werden vermutlich schon einige Wochen brauchen, um diesen wichtigen Therapieschritt zu bewältigen. Lassen Sie sich Zeit! Gehen Sie jeden Tag an diese Arbeit, die eigentlich keine «Arbeit», sondern eine unermeßliche Kraftquelle ist. Die Wiederholung mancher Therapieschritte ist unerläßlich!

Kapitel 7

Analyse von Pubertät und Jugendzeit

Während in der Kindheit die Identität durch die Identifikation oder aber durch eine deutliche Abgrenzung von den ersten Bezugspersonen aufgebaut wird, kommt es in der Jugendzeit zu einer ernsthaften Auseinandersetzung mit den älteren Generationen. Störerfahrungen entstehen bevorzugt in Grenzsituationen, ganz besonders in den Generationsphasen und hier besonders in der Pubertät.

Zwischen dem 11. und 13. Lebensjahr erreichen wir die erste puberale Phase. Selbständige Ansichten setzen sich durch, der eigene Wille stabilisiert sich, recht häufig als Gegensatz zur Meinung der Eltern. Das Bild der Eltern bekommt deutliche Kratzer. Wir sehen ihre Schwächen, ihre Fehler, ihre Unvollkommenheit, vielleicht auch ihr schuldhaftes Verhalten. Das ist die Zeit der «Götterdämmerung». Schwere seelische Verletzungen wirken in dieser sensiblen Lebensphase besonders belastend. Nicht selten stellt die Hexe unserer Träume oder unserer Imaginationen das ins Unterbewußte abgedrängte negative Bild der Mutter dar. Und die Strenge des Vaters kann etwa als schwere Last, als verschnürter Packen erlebt werden.

Sexuell gehemmte Eltern ermahnen nicht selten die heranwachsenden Kinder, sich ja nicht so früh mit dem anderen Geschlecht einzulassen. Oft führt bereits der erste Liebeskummer zu ernsthaften Eßstörungen, zu Freßattacken oder zur Nahrungsverweigerung. Die Eltern verstehen die Kinder nicht, sie wissen nicht, wie es in ihrer

Seele aussieht. Viele unserer seelischen und körperlichen Probleme haben in dieser Lebensphase ihren Ursprung.

Auch heute im Zeitalter der sogenannten sexuellen Aufklärung bleiben viele Tabus weiter bestehen. Die Wissensvermittlung auf dem Gebiet der Sexualität und Erotik ist weiterhin höchst unvollkommen. Oft entsteht eine gespannte Atmosphäre, wenn sexuelle Dinge zur Sprache kommen, meist wird diese Problematik ganz totgeschwiegen.

Aus meiner täglichen Praxis weiß ich, daß auch heute noch viele Mädchen ihre erste Periode und viele Jungen ihre erste Pollution (Samenerguß) völlig ahnungslos erleben und dadurch schwere seelische Verletzungen ertragen müssen. Viele Pubertierende fühlen sich verletzt und gekränkt, sie schämen sich über ihre vermeintliche Unsauberkeit, zu der – um das Leid komplett zu machen –, häufig auch noch Pickel im Gesicht und am Körper kommen.

Die Kluft zwischen dem gespielten Verhalten und den aufpeitschenden Emotionen führt zu Gefühlsambivalenzen, zu einer irrealen Lebensplanung und schließlich zu daraus folgenden Fehlkompensationen und Fehlhaltungen. Skrupel begleiten die Onanie und sexuelle Spiele. Oft führt erst die Selbstanalyse im Erwachsenenleben dazu, diese Erlebnisse zu verarbeiten. Viele Angstzustände und Zwangshandlungen, Errötungsfurcht müssen auf unverarbeitete Konflikte in dieser Zeit zurückgeführt werden.

Die Fragen, die wir uns jetzt stellen, lauten:

Mit welchen Affekten und Ängsten erlebte ich die erste Periode, die erste Pollution? Wie erlebte ich die körperlichen und seelischen Veränderungen der Pubertät? War ich eher stolz, oder empfand ich Minderwertigkeitsgefühle? Wie sah ich damals meinen Körper? Wie erlebte ich das Wachsen der Schambehaarung, wie die Brustvergrößerung bzw. die Vergrößerung des Penis?

Gab es sexuelle Spiele in der Kindheit, Doktorspiele? Wie erlebte ich die Selbstbefriedigung, erfuhr ich Lust oder Schuldgefühle? Was waren überhaupt meine ersten sexuellen Regungen, meine ersten Erfahrungen mit dem anderen Geschlecht? Wie wurde ich aufgeklärt?

War meine erste Liebe eine Verehrung aus der Ferne, eine unglückliche Beziehung? War sie belastet mit Schüchternheit und Hemmungen? Hatte ich zu dieser Zeit besondere politische, religiöse, soziale Ziele? Gab es besondere Freundschaften? Was waren meine Freizeitbeschäftigungen? War mein Selbstwertgefühl gesund?

Für viele junge Menschen sind die ersten Erlebnisse mit der Sexualität mit erheblichen Schuldgefühlen verbunden. Unter religiösen Eltern entsteht das Gefühl, eine schwere Sünde begangen zu haben. Als Folge treten später häufig funktionelle Sexualstörungen, Impotenz, Anorgasmie, Libidostörungen, Ängste, Schuldgefühle, Depressionen auf.

Durchleben wir in der Selbstanalyse noch einmal die Konflikte, die wir durchmachen mußten, als wir uns innerlich von den Eltern trennten. Erinnern wir uns, wie wir Größe und Elend gleichzeitig durchlebten. Man möchte allein sein und sehnt sich doch nach den anderen. Mit

Beklemmung fragen wir uns: Wer sind wir, was werden wir? Der lange und oft wenig aussichtsreich erscheinende Kampf um die eigene Identität beginnt.

Neue Fragen stellt die Berufswahl. Finden wir überhaupt die uns gemäße Beschäftigung? Die vielen gesellschaftlichen Widersprüche. Das Verrinnen unserer Ideale. Macht und Ohnmacht. Lassen wir unsere Assoziationsketten, unsere imaginativen Bilder hautnah Revue passieren!

Erinnern wir uns an das Bild, das wir als junge Frau von einem Mann, als junger Mann von einer Frau hatten. Sahen wir das Sexualobjekt, die inspirierende Muse, die anzubetende Heilige oder die zu kopulierende Hure, den Beschützer oder den geilen Bock? Welche Macht übte das andere Geschlecht auf uns aus?

Schlüpften wir lieber in die Rolle des Untergebenen, des Gehorchenden, oder wollten wir kontrollieren, befehlen? Welche Gefühle lösten Macht und Ohnmacht bei uns aus?

Vielleicht erinnern wir uns auch noch an Alpträume aus unserer Jugendzeit. Wollten wir eher erfolgsverwöhnter Millionär oder freier Vagabund sein? War da eher das Gefühl einer inneren Trostlosigkeit oder der helle Zauberglanz?

Begeben Sie sich in Gedanken immer wieder in die Rolle als Jugendlicher. Lassen Sie die Figuren um sich agieren. Schließen Sie die Augen, lassen Sie Ihre Sinne wandern, und holen Sie sich die Erlebnisse, die Gefühle, die Hoffnungen, die Träume und Befürchtungen von damals wieder zurück. Schreiben Sie das Gesehene auf, so ehrlich wie möglich.

Wie schon mehrfach erwähnt, sind Träume eine effektvolle Art, unsere innere Bilderwelt zu erforschen. Erinnern wir uns, welche Träume wir bevorzugt in der Pubertät und Jugendzeit geträumt haben. Versuchen wir zu klären, welche Bedeutung sie in unserer Biographie haben.

Halten wir Ausschau nach Zeichen für eine Trotzhaltung, für Leidensdruck, für eine zwanghafte Mutterbindung, eine problematische Vaterbeziehung, für Liebesenttäuschung, für Imponiergehabe, für Inzestwünsche oder -handlungen, für Schuldgefühle.

Welches sind unsere glücklichsten, welches unsere schwärzesten Erinnerungen an diese Zeit? Wie war zu dieser Zeit die Ehe der Eltern? Hatte ich Vertrauen zu ihnen? Wie war die Beziehung zu meinen Geschwistern? Wie war mein Verhältnis zu Freunden? Hatte ich feste Partner? Suchte ich Mittel und Wege zur erotisch-sexuellen Reizsteigerung?

Gab es in dieser Zeit vegetative Symptome, Erröten, Schwitzen, Stottern, Zittern, Zuckungen, Tics? Hatte ich Kopfschmerzen, Schwindel, Magenschmerzen, Asthma, Ekzem? Nahm ich regelmäßig Medikamente?

So wie wir die Welt als Einheit erleben, so kann sich uns auch die Geschlossenheit unseres Lebens mitteilen. Versuchen wir immer wieder zu ergründen, wie weit unsere Kindheits- und Jugenderinnerungen mit unserem Erwachsenenleben eine Einheit bilden, inwieweit frühere Konstellationen jetziges Verhalten und Empfinden bewirken.

Kapitel 8

Gegenwärtige Probleme

Machen Sie sich immer wieder Mut für neue Entdek-
kungsfahrten ins Unbewußte. Jeder von uns trägt einen
unerschöpflichen Schatz an vergrabenen Bildern in sich.
 Beginnen wir z. B. mit dem Gedanken «Was ist heute
mein wichtigstes Gefühl?» oder «Mein größtes Problem».
Benennen wir dies mit einem Wort, und lassen wir unsere
Gedanken unzensiert, frei schwebend, ausgehend von
diesem Wort, kreuz und quer wandern.

Wir können uns dieses eine Wort auch in die Mitte eines Blattes schreiben und einkreisen. Von ihm aus
können wir nun Verästelungen, Wortketten, Wort-
weichen nach allen Richtungen anlegen. Man nennt
dies auch das *Clusterverfahren**. Zwischendurch entspannen wir uns immer wieder, damit unsere Assoziationen nicht von der Zensur blockiert werden.

Der Anstoß für eine neue Fahrt in unser Inneres kann neben einem Wort ein Traum, ein Bild, Musik, ein Text o. ä.
sein. Es können als Einstieg in die Assoziationsreihe auch
Themen, ganze Problemfelder gewählt werden, Beruf,
Freizeit, Geld, Freundschaft und Liebe.

---

* von engl. cluster = Traube, Büschel, Schwarm, Gruppe

Wie sehe ich mich selbst? Meine Gefühle, meine Eigenschaften, meine Schwächen und Stärken, meine
Einstellung zu bestimmten Themen, mein Aussehen,
meine Wirkung auf andere.

Nicht selten sorgen im Erwachsenenleben Probleme im
Beruf für Schwierigkeiten. Unterdrückung, Schikane
durch Vorgesetzte und Kollegen haben uns den neuen
Begriff «Mobbing» beschert. Gefährdet sind auch besonders Menschen, die in verantwortungsvoller Tätigkeit
oft 70–80 Stunden wöchentlich arbeiten und die die Probleme und den Ärger dann auch noch in ihre knapp be-
messene Freizeit mit hineinnehmen.

Deshalb kann eine vernünftige Freizeitbetätigung mit
ausreichender Bewegung in frischer Luft gar nicht hoch
genug eingeschätzt werden. *Kapitel 17* ist kein Anhäng-
sel, sondern ein ganz wichtiges Teilgebiet der Selbstanalyse. Auch wir, die wir glauben, eine für die Gesellschaft so wichtige Tätigkeit zu verrichten, daß es gar
nicht geht, wenn wir weniger arbeiten, müssen uns sagen
lassen, daß *wir spielend ersetzbar* sind. Krankheiten und
unvorhergesehene Todesfälle extrem wichtiger Persönlichkeiten lehren uns immer wieder, daß bereits innerhalb weniger Tage andere Menschen ihre Arbeit übernehmen können.

Stellen wir uns folgende Fragen:

Habe ich meinen Beruf frei gewählt, oder wurde ich
dazu gezwungen? Bin ich erfolgreich, über- oder un-
terfordert, ist mir die Arbeit lästig?

Arbeite ich lediglich zum Gelderwerb, aus Pflicht
oder aus Freude und «Berufung»? Bin ich eher fleißig

oder bequem? Komme ich mit Vorgesetzten, Kollegen, Untergebenen eher gut oder eher schlecht aus? Habe ich häufiger meinen Arbeitsplatz gewechselt? Suche ich nach einer anderen Tätigkeit?

Kann ich mich durchsetzen, Anweisungen ohne Murren ausführen? Kann ich mich verteidigen, nein sagen, kann ich delegieren? Bin ich geltungsbedürftig, oder habe ich eher Minderwertigkeitsgefühle, neige ich zum Widersprechen, bin ich abhängig von der Meinung der anderen?

Habe ich die Fähigkeit, meine Freizeit richtig zu nutzen? Kann ich abschalten, mich im Urlaub erholen, habe ich die Fähigkeit zum Nichtstun? Habe ich Hobbies? Treibe ich regelmäßig Sport?

Auch müssen wir noch einmal auf den Konsum von Alkohol, auf das Rauchen und das Tablettenschlucken eingehen. Abgesehen von den enormen Kosten und der Gesundheitsschädigung, müssen wir unsere Abhängigkeit von diesen Stoffen einsehen, wenn es denn zutrifft. Wir können nicht erfolgreich eine Selbstanalyse und Selbsttherapie durchführen und weiter abhängig rauchen und trinken.

Spüren wir bei kritischer Selbstbesinnung, daß wir den Weg heraus nicht alleine schaffen, dann brauchen wir professionelle Hilfe. Doch hüten wir uns vor den fadenscheinigen Argumenten, wir seien ja nicht wirklich süchtig, wir könnten jederzeit den Konsum beenden, wenn wir nur ernsthaft wollten. Dann beweisen wir es uns und wollen einmal, nicht im nächsten Jahr oder am Geburtstag, sondern jetzt sofort. Können wir das nicht, gestehen wir uns bitte ein, daß da ein Problem ist.

Wieviel rauchen wir täglich, wöchentlich? Möchte ich mir das Rauchen abgewöhnen? Welche alkoholischen Getränke konsumiere ich regelmäßig? Möchte ich mir das Trinken abgewöhnen? Bereitet mir das Essen besondere Freude? Lege ich mir regelmäßig Nahrungsbeschränkungen durch Diäten, Fasten, vegetarische-, Rohkosternährung auf?

Ganz oben in der Skala der Probleme stehen die zwischenmenschlichen Beziehungen. Schwierigkeiten in Partnerschaften sind regelrecht vorprogrammiert. Deshalb sollten sie hier im Rahmen der Selbstanalyse einen genügend breiten Raum einnehmen. Viele Menschen glauben sogar, die partnerschaftlichen Auseinandersetzungen seien ihr einziges Problem.

Fragen wir uns, welche Beziehungen mit welchen Menschen zu welcher Zeit unser Leben gefördert und bereichert haben. Im Rahmen der Selbstanalyse ist es wichtig, uns zu vergegenwärtigen, an welche Menschen wir gerne zurückdenken.

Aber lassen wir getrost auch die negativen Erinnerungen aufsteigen. Was waren die Gründe für Probleme? Machen wir uns die Ursache für frühere und derzeitige Spannungen und Auseinandersetzungen klar. Auch wenn wir sehr verärgert und böse sind, versetzen wir uns einmal ohne Vorbehalte in die Person des anderen, des Ehepartners, des Lebensgefährten oder eines Widersachers, und gehen wir einmal die ganze Problematik von seinem Blickwinkel her durch. Uns völlig in die Gedankenwelt des Partners hineinzuversetzen, ist eine ganz wesentliche Forderung. Auch auf die Gefahr hin, daß wir zu der Erkenntnis kommen, daß wir in verschiedenen Welten leben. Vielleicht leben und urteilen wir so verschieden, daß es tatsächlich keine Brücken mehr gibt.

Entscheidungen, die Stärke von uns verlangen, sind nur möglich, wenn es uns in unserer bisherigen selbstanalytischen Arbeit gelungen ist, die Vergangenheit so zu bewältigen, daß keine Schuldgefühle zurückgeblieben sind. Andernfalls ist es sinnvoll, fremde psychotherapeutische Hilfe in Anspruch zu nehmen.

Das gleiche gilt für die Probleme der Gegenwart. Sind diese so belastend, daß wir in eine Depression und Zukunftsangst verfallen, dann ist der Leidensdruck nur mit Hilfe von außen zu lindern. Wankt der Halt und der Sinn unseres Lebens in seinen Grundverankerungen, dann können wir uns natürlich nicht am eigenen Schopf aus dem Sumpf ziehen. Falsche Scham ist dann nicht angebracht, wir sollten nach gründlicher Information einen Psychotherapeuten aufsuchen.

Die meisten Menschen leiden jedoch an leichteren psychischen Beeinträchtigungen, die sehr gut einer Selbstanalyse zugänglich sind, etwa an einer vegetativen Labilität, an Schwindel, Kopfschmerzen, Herz- und Magenschmerzen, innere Unruhe, leichte Erregbarkeit, Unsicherheit, Konzentrationsschwäche, Insuffizienzgefühlen oder auch einfach an dem Gefühl, daß Sie derzeit mit dem Leben nicht mehr zurechtkommen.

Versuchen wir in aller Ruhe, uns unsere augenblicklichen Unzulänglichkeiten einzugestehen. Können wir unsere Wünsche unbefangen vortragen? Sind wir unsicher, befangen, zurückgezogen, verschlossen, verkrampft? Beobachten wir uns ängstlich selbst? Sind wir leicht verletzbar, geltungsbedürftig? Geraten wir leicht in Streit, und spüren wir Aggressionen in uns hochsteigen?

Was steht der freien Entfaltung unseres Charakters und unserer Persönlichkeit im Wege? Kann ich vielleicht offener und spontaner reagieren, mehr Improvisation und Intuition zeigen? Welche Wege sehe ich, meine innere Unsicherheit zu überwinden?

Bei nur leichten Störungen kann bereits eine selbstanalytische Überprüfung der Lebensgeschichte und eine Selbstsuggestion in tiefer Entspannung mit folgenden Inhalten ausreichen: «Mein Auftreten wird von Tag zu Tag sicherer und bestimmter. Ich fühle mich immer ruhiger und entspannter. Ich genieße jeden Augenblick meines Lebens.»

Beantworten wir uns zur gegenwärtigen Situation noch einige Fragen:

Wie verlaufen derzeit zwischenmenschliche Kontakte, Freundschaften und Liebe? Bin ich schüchtern und gehemmt, oder kann ich mich ungehindert auch fremden Menschen zuwenden? Kann ich mir mein Kontaktbedürfnis liebevoll befriedigen? Erlebe ich gelegentliches Alleinsein als angenehm, oder ist das für mich belastend? Fühle ich mich oft einsam?

Gibt es Konflikte in Freundschaften und Bekanntschaften? Wieso und warum, was sind die Hintergründe? Habe ich eine intakte Liebesbeziehung? Welche Störungen treten dabei auf? Oder bin ich bewußt oder notgedrungen allein?

Gibt es sonstige Konflikte, in der Familie, im weiteren Bekanntenkreis? Wie bewältige ich mein Leben ganz allgemein? Habe ich begründete oder unbegründete Angstgefühle? Habe ich Schuldgefühle und weshalb? Bin ich oft traurig? Was tue ich zur Überwindung dieser negativen Gefühle?

Wie gehe ich mit Geld um? Gelingt es mir, so viel Geld zu verdienen, wie ich benötige? Gebe ich oft mehr Geld aus, als ich eigentlich möchte? Neige ich zum Schuldenmachen, zu Ratenkäufen? Bin ich sparsam, geizig, großzügig, verschwenderisch?

In jedem Leben stellt sich natürlich ein ganz individueller, großer Katalog zusätzlicher Fragen, die hier naturgemäß nicht alle aufgeführt werden können. Legen Sie sich eine Liste mit Ihren persönlichen Fragen und Antworten an!

Kapitel 9

Der weitere Weg durch den Lebenslauf zur Deutung von unbewußtem Material

Je länger wir uns mit der Materie beschäftigen, um so deutlicher wird uns, daß wir durch das freie Assoziieren das eigene Unbewußte nach geheimen Wünschen durchleuchten können. Bis wir z. B. selbst erkennen, daß die unbewußte Unterordnung und Anpassung anderen Menschen gegenüber in der unbewußten Angst vor dem eigenen Vater begründet sein kann, müssen wir schon ein ordentliches Pensum zurückgelegt haben. Mangelndes Selbstvertrauen, nervöse Reizbarkeit, innere Unruhe, Depressionen und Ängste können z. B. ihre Ursache in einem unguten Blockieren des kindlichen Allmachtstrebens, der Frustrierung oraler Bedürfnisse, in einem Kastrations- und Ödipuskomplex haben. Haben wir erst einmal eine gewisse Durststrecke in Geduld hinter uns gebracht, fällt es uns wie Schuppen von den Augen, ganz selbstverständlich, ohne Kraftanstrengung.

Immer wieder sollten wir darauf achten, unsere Gedanken, unsere Aufzeichnungen nicht zu zensieren. Wir dürfen das vermeintlich Unwichtige, das Absurde, das Peinliche, Unanständige bewußt nicht ausklammern. Je intensiver wir das Fließen der freien Einfälle zulassen, um so eher können die Deckerinnerungen durchbrochen werden, und die tiefsten, freien Gefühle können fließen. *Deckerinnerungen* sind kindheitliche Erinnerungen, die durch besondere Deutlichkeit bei relativer inhaltlicher Bedeutungslosigkeit gekennzeichnet sind. Sie decken verdrängte Erfahrungen ab und enthalten selbst Wesentliches aus der Kindheit.

Das freie Assoziieren legt zunächst die jüngeren Traumen frei, worunter sich das nächste versteckt usw., bis wir zu den Urträumen vordringen. Mit Glück gelingt es uns dann, die niedergedrückten Gefühle zu aktivieren. Und erst wenn wir diese abreagiert haben, benötigen wir nicht mehr die gewaltige Verdrängungsenergie, die sie bewachte, und wir können uns frei und glücklich fühlen.

Selbstanalyse ist deshalb sehr viel mehr als Selbstbeobachtung, denn die spült nur unseren Kummer nach oben. Wir aber wollen die Barrieren durchbrechen, die unsere Gefühle mit den Erinnerungen verbacken haben. Nur so können wir unser Unbewußtes nach Spuren von vergessenen Kränkungen, seelischen Verletzungen als Ursprung von Spannungen, Hemmungen, Ängsten, Zwängen durchforsten.

Wenn wir uns unseren Konflikten und Belastungen stellen wollen, müssen wir als erstes durch Nachdenken und Erinnern zu einem verstandesmäßigen Erkennen der Problematik kommen. Anschließend werden wir durch freie Assoziationen und aktives Bilderleben die Widerstände versuchen zu überwinden, um uns die unbewußten Spuren der seelischen Verletzungen bewußt zu machen. Schließlich sollten wir die aufsteigenden Affekte erkennen, aufarbeiten, annehmen und in unser Bewußtsein transportieren. Hierdurch sollte sich die charakterliche Panzerung aufheben lassen, und wir sollten durch eine vertiefte Selbsterkenntnis zu einer Veränderung unserer Lebensführung finden.

Die Lektüre dieses Buches – unsere tägliche Arbeit –: einmal im Erinnern und Durcharbeiten während der Entspannung und dann das regelmäßige Aufschreiben unserer Gefühle und Erkenntnisse, müssen sich abwechseln. Da sich in diesem Buch nicht alles gleichzeitig darstellen läßt, wird es immer wieder notwendig werden, das eine oder andere Kapitel von weiter vorn noch einmal zu lesen, eventuell auch zwei Kapitel parallel zueinander durchzuarbeiten.

Genaue Zeitangaben, wie lange die Bearbeitung der Vergangenheit dauern kann, sind schlecht zu machen. Man sollte ungefähr einmal 25–50 Stunden einkalkulieren. Dies ist die Zeit, die eine übliche unkomplizierte, tiefenpsychologisch fundierte Psychotherapie auch in Anspruch nimmt.

Schon unsere frühesten Erinnerungen können erste Hinweise für spätere Probleme aufzeigen. Wichtig dabei ist besonders, wie die Eltern mit uns umgegangen sind.

Wir erinnern uns noch einmal an die drei vorausgegangenen Kapitel.

Wurden wir gestraft, geschlagen, ehrgeizig überfordert, überfürsorglich verwöhnt, verweichlicht oder kalt und distanziert abgelehnt? In welcher Position fanden wir uns als Kind? Wie erlebten wir die verschiedenen Geschlechter? Gab es Kastrationsandrohungen, Schläge, sexuelle Aufklärung? Wie gelang die Abtrennung von Mutter und Vater? Gab es eine Geschwisterrivalität, gab es Schuldgefühle wegen sexueller Spiele oder inzestuöser Berührung?

Es ist sicher nicht allzu kompliziert, diese prägenden Erlebnisse in der Kindheit zum Verhalten im Erwachsenenleben in Beziehung zu setzen, zu Schuldgefühlen, Gewissensbelastungen, Partnerproblemen, eventuellen Schwierigkeiten am Arbeitsplatz. Das Erinnern und die Einsicht reichen jedoch nicht aus. Immer wieder müssen wir versuchen, durch bildhaftes Miterleben, durch ein affektives Ausleben die kindlichen Komplexe transparent zu machen. Erst dadurch können wir durch den langen Weg der Selbstfindung zu einer Neugestaltung unseres Lebens gelangen.

Dies ist das Schwierigste an der Selbstanalyse und Selbsttherapie. Deshalb versuche ich, Ihnen dieses Kernproblem von verschiedenen Seiten her in den einzelnen Kapiteln zugänglich zu machen. Allgemein gilt, daß besonders wichtige Erkenntnisse und Therapieschritte bewußt in den einzelnen Kapiteln wiederholt, von verschiedenen Perspektiven in einem neuen Zusammenhang beleuchtet und dadurch eher erkannt werden.

Mit Recht werden Sie mir vielleicht entgegenhalten, daß Sie sich dieses Buch gekauft haben, um gegenwärtige und zukünftige Probleme besser lösen zu können und nicht, um ständig in der Vergangenheit zu wühlen. Es geht Ihnen um die aktuellen Konflikte mit Bezugspersonen und derzeitige Befürchtungen, nicht aber um Kindheitsängste. Doch Sie wissen inzwischen, daß alle gegenwärtigen Probleme zwar einen aktuellen Anlaß, aber ihre eigentliche Ursache in kindheitlichen Unsicherheiten haben.

Statt unsere Alltagssorgen vor uns herzuschieben, können wir Prioritäten setzen, unser Gewissen prüfen, unsere Wünsche und Pflichten gegeneinander abwägen, eine Entscheidung fällen, statt zu lange zu zögern und die Idee in die Tat umsetzen. Indem wir unsere inneren Bilder fließen lassen, werden auch unsere Lebensziele klarer. Wir lernen, Ängste vor Krankheit, Tod und Trennung zu ertragen. Wir können uns realistisch von unseren Wünschen nach Macht und Reichtum verabschieden, und wir können unguten Zeitgenossen, die uns ausbeuten und unterdrücken wollen, aus dem Weg gehen.

So wichtig die Verarbeitung vergangener Erfahrungen auch ist, von größter Bedeutung ist natürlich auch die Auseinandersetzung mit den Schwierigkeiten der Gegenwart. So zeigt uns z. B. die Gestalttherapie von Fritz Perls, wie wir durch Selbstkonfrontation mit unseren Erfahrungen im Hier und Jetzt unsere neurotischen Zukunftsentwürfe überwinden und zu einer Wiederherstellung unserer kreativen Selbstregulation finden können.

Gerade durch das Aufschreiben gelangen wir zu einer intensiveren Selbstkonfrontation. Aus unklaren, schwafeligen Gedankenfetzen werden durch das Benennen mit einem Wort, einem Satz klare Aussagen. Oft mag auch eine ergänzende Skizze oder ein Bild hilfreich sein.

Das Eintauchen in die inneren Bilder wird im Laufe unserer Arbeit immer einfacher, kann aber zu Beginn große Schwierigkeiten machen. Deshalb zeige ich Ihnen auch diesen Einstieg immer wieder, allerdings aus verschiedenen Blickwinkeln. In einem ruhigen Raum schließen wir die Augen, geben uns der Meditation hin. Wir werden aufmerksam auf den Bewußtseinsstrom in uns. Figuren und Bilder werden sichtbar und lösen sich von dem unendlichen Hintergrund unserer Erfahrung, unserer Erinnerung. Nach einiger Zeit des gelassenen Beobachtens können wir in die Bilder eintreten und mitagieren.

Obwohl die Selbsttherapie und damit die Schreibtherapie außerhalb des Interessengebietes der etablierten psychoanalytischen Experten liegt, gibt es in den letzten Jahren, besonders in den USA, immer mehr professionelle Psychotherapeuten, die den Wert dieser Methode im Rahmen der Therapien insgesamt als sehr hoch ansiedeln. So gibt es z. B. in Amerika schon Poesie-Therapeuten, denen das Gedicht als Katalysator dient, durch den Emotionen gefiltert werden. Durch seine persönlichen Metaphern und Gleichnisse kann uns ein Gedicht zum besseren Verständnis unserer Gefühle führen. Das Aufschreiben verschafft uns einen immer besseren Zugang zu verdrängten Gefühlen und Problembereichen.

Nicht jeder muß jetzt Gedichte schreiben, aber es ist bekannt, daß das Schreiben Phantasien, abgekapselte Affekte und Symbole aktiviert und zu einer höheren Emotionalität führt. Im kreativen Akt des Schreibens kommt es zu einem ständigen produktiven Austausch von Unbewußtem und Bewußtem, wir sind gleichzeitig Therapeut und Patient. Lassen wir nur Ekstase *und* Depression zu. Erklären wir unsere Entmutigung, unsere Eifersucht, unseren Liebeskummer, unsere Aggressivität oder Ängstlichkeit. Zeigen wir unsere Wut, unseren Haß, unsere Verlorenheit, enthüllen wir unsere Gefühle, verdeutlichen wir unsere Beziehungen. Hangeln wir uns über die frei baumelnde Strickleiter über freie Assoziationen hinunter ins Unbewußte. Bald kommt es zu einem regen Austausch zwischen unserer linken Gehirnhälfte, die für lineares, logisches, bewußtes Denken verantwortlich ist, und der rechten, die eher für Gefühle, Stimmungen, das Unbewußte zuständig ist. Graben wir besonders tief in der rechten Gehirnhälfte (im Unbewußten), dort, wo ein reicher Schatz bildhafter Symbole und symbolisierter Gefühle versteckt ist.

Kehren wir immer wieder zurück in die Kindheit, dorthin, wo noch die Spontaneität vorherrschte, die Gefühle noch nicht zensiert waren und die Lust noch nicht abgeblockt war. Erobern wir uns die bildliche ganzheitliche Originalität der Kindheit zurück.

Wer Schwierigkeiten mit dem Aufschreiben hat und zunächst an seinen Widerwillen als Schüler gegen das Aufsatzschreiben erinnert wird, der kann auch vorerst einmal bei Schriftstellern seiner Wahl nach Texten suchen, die sein Unterbewußtsein anregen. Das können normalerweise Texte über enge Bezugspersonen, Traumbilder, Gefühlsambivalenzen, Familienkonflikte usw. sein.

Auch wenn uns dies vielleicht nicht so ganz einleuchtet, das Aufarbeiten von Verdrängtem gelingt um so leichter, je entschiedener wir uns an literarische Regeln halten. Achten wir also schon ein wenig auf einen gewissen Sprachrhythmus, auf eine bilderreiche Sprache, auf genau sitzende Metaphern, auf Ästhetik und auf den roten Faden.

Was aber tun, wenn wir glauben, es falle uns absolut nichts ein? Freie Assoziationen, schöpferische Prozesse lassen sich nicht erzwingen. Sie kommen von ganz alleine. Irgendwelche Gedanken sind immer in unserem Kopf. Das einzige, was wir tun müssen, ist, daß wir aufnahmebereit, entspannt und aufmerksam nach innen lauschen. Kommt nichts, so erinnern wir uns an Menschen, die uns nahestehen, an Tiere oder Träume, Märchen. Lassen wir einfach die Welt zurück, schalten wir ab, schließen wir die Augen, und gleiten wir in die Bilder, Szenen und Gefühle unserer Kindheit. Oft können wir die Personen in unserem Kopf auch zu einem Streitgespräch bewegen. Und vor allem: Versuchen wir nicht, gleich alle Rätsel zu lösen; versuchen wir nicht, sofort krampfhaft die Ursache für unsere Misere zu ergründen.

Das Analysieren, das Aufdecken, das Deuten von neurotischen Veränderungen ergibt sich – wie bei den Trauminhalten – irgendwann von ganz allein. Versuchen wir, nur ab und zu einmal uns ein ganzheitliches Bild von uns selbst zu machen. Gelingt uns nach einiger Zeit der Blick nach innen auf Anhieb, dann ist es wichtig, nicht bei einer narzißtischen Selbstbespiegelung zu verharren, sondern immer wieder zwischenmenschliche, soziale Strukturen und Probleme zu bearbeiten.

Nur durch den Abstieg in das Labyrinth unseres Leides werden wir auf die unbewußten, kindheitlichen Erfahrungen und Phantasien in Assoziationsgeflechten stoßen. Jeder, der ernsthaft Selbstanalyse betreibt, wird nach einiger Zeit den roten Faden finden, der zu seinen traumatischen Themen, zu seinen neurotischen Komplexen führt. So kann die unbewußte Störungsquelle in dem Geknäuel von Gedankenfetzen geortet und bewußt gemacht werden. Durch eine Neustrukturierung unserer Phantasien, unseres Gedächtnisses kann schließlich das Symptom beseitigt werden. Das assoziative Erinnern, die aktive Imagination und die Lebensdeutung sind der Königsweg in das zunächst unübersichtliche und verworren erscheinende Geflecht von Widerständen und Mystifikationen.

Um Störerfahrungen in unserem späteren Leben zu bewältigen, ist es notwendig, immer wieder unsere Identitätsentwicklung zu rekonstruieren und zu stabilisieren. Nehmen wir die Arbeit an der biographischen Archäologie mit Freuden an. Sie bringt uns, jedem von uns, vielfältigen Gewinn.

Durch die Entdeckung und Bearbeitung des unbewußten Materials aus unserer Vergangenheit gewinnen wir die Möglichkeit einer Korrektur. Auch unser Ich erlebt eine Verwandlung. In der schöpferischen Regression, dem Zurückgreifen auf frühere Entwicklungsstufen können wir schrittweise die unerledigten Lebensabschnitte so bearbeiten, daß ein für uns befriedigender Lebensplan mit neuer Identität entsteht, indem wir in die Lage versetzt werden, Konflikte vernünftig zu lösen.

Natürlich ist diese Bergwerksarbeit nicht in einem Durchgang unseres Lebenslaufes zu erreichen. Immer neue, vertiefende Anläufe sind notwendig, um das unbewußte Material zu bergen. Je stärker wir unsere Konflikte fokussieren und bearbeiten, statt ihnen aus dem Weg zu gehen, um so zügiger geht die Arbeit vonstatten. Wichtig ist, daß wir uns von der Ebene der banalen Mitteilung auf die Ebene der Symbole, der Transzendenz begeben.

Ein guter Einstieg für das tägliche Niederschreiben unserer Gedanken kann z. B. die Darstellung von störenden Gefühlen sein. Anschließend überlegen wir uns, welche Ursachen hierfür in Frage kommen. Dann denken wir zwischen Ursache und Gefühl so lange hin und her, bis diese zur Deckung kommen. Ein Gefühlswandel deutet eine spürbare Erleichterung an. Durch tägliche Entspannung und Imagination entdeckt man individuelle, störende Gefühlsschwerpunkte.

Oft ist es auch sehr sinnvoll, unsere Biographie mit der von anderen Menschen zu vergleichen. Wir können oft bei anderen die Probleme und Fehleinschätzungen viel einfacher sehen als bei uns selbst.

Auch wenn wir uns zu Beginn unserer Arbeit vielleicht noch gewehrt haben gegen den Gedanken, daß unsere jetzigen seelischen Probleme ihre Ursache in frühkindlichen Schädigungen haben, je weiter wir fortschreiten, um so deutlicher sehen wir, daß eine eingeschränkte Ichleistung, eine übermäßige Verdrängung und eine unbewußte Triebfixierung im späteren Leben zu verzerrten Wahrnehmungen, zu einem Nichtentwickeln unserer Möglichkeiten, zu Störungen im Umgang mit anderen Menschen, zur Fehleinschätzung der eigenen Persönlichkeit führen. Insbesondere kommt es zu einer Verfestigung der Kompensationsversuche dieser Störungen.

Um mit unseren Gedanken nicht an der Oberfläche klebenzubleiben, müssen wir schon gewisse Methoden einsetzen, um die Kraft der Verdrängung und der Zensur zu überwinden und um an die im Unterbewußten abgekapselten Emotionen und frühkindlichen Komplexe zu kommen. Da hiermit die Selbstanalyse steht und fällt, möchte ich noch einmal die Wichtigkeit der freien Assoziation, der aktiven Imagination und der Meditation erwähnen. Durch diese Methoden, die auch etwa im Autogenen Training und Yoga enthalten sind, kommt es zu einer tiefgehenden Erweiterung der Selbstwahrnehmung und zu einem sicheren Zugang zum Unbewußten.

Die schriftliche Fixierung der Analyseschritte will nicht aus uns einen Dichter machen, sie wird in erster Linie an therapeutischen und weniger an literarischen Maßstäben gemessen. Entscheidend ist die Sprachfindung des Unbewußten. Setzen wir uns immer wieder ganz gezielt über Logik, Anstand, Moral und den gesunden Menschenverstand hinweg. Es schadet nicht, wenn uns unsere Texte, geballt mit eruptiven Emotionen, auch einmal leicht kitschig vorkommen.

Auch wenn wir uns mit dem eigentlichen Analysieren, dem Deuten, ruhig Zeit lassen können, wird es immer wieder passieren, daß wir schon während des Aufschreibens hinter den Deckerinnerungen auf kindliche Erfahrungen stoßen, die mit jetzigen Verarbeitungsmustern in Verbindung stehen. Von kindlichen Schädigungen kann auf die gestörte aktuelle Beziehung geschlossen werden. Schritt für Schritt sammeln wir die Ursachen für unsere aktuellen Probleme.

Die Entstehung eines Kastrations- oder eines Minderwertigkeitskomplexes und seine Kompensation in Selbsterhöhung und Gemeinschaftsstreben kann eventuell früh erkannt werden. Durch die In-Beziehung-Setzung z. B. von Spuren eines Ödipus- oder Kainskomplexes mit den Störungen im Erwachsenenleben erschließt sich uns die Deutung und bereitet den Weg in eine «heilende Biographie» (Thomas).

Die Selbsterkenntnis erschließt sich uns nicht komplett, sondern in kleinen Teilschritten, z. B. «Ich ziehe mich zurück, ich weiche aus und gehe allen Problemen aus dem Weg.» Oder: «Ich gebe ungünstigen Umständen die Schuld an meiner Situation, statt die Verantwortung für meine Lage zu übernehmen.» Naturgemäß kann es keine beste Form der Deutung geben, da jeder sich allein mit seinen ans Tageslicht gebrachten Gefühlen und Erkenntnissen auseinandersetzen muß.

Da oft mit dem Aufdecken kindlicher Komplexe gleichzeitig tiefere Lebenskräfte freiwerden, kann das daraus resultierende jetzige Fehlverhalten direkt bearbeitet werden. Oft werden in dieser Phase der Selbstanalyse auch transpersonale Kräfte erlebt, also Energien, die über die eigene Person hinausgehen und, je nach religiöser Ausrichtung, als Glaube, Erleuchtung oder allgemein als Mystik erlebt werden. In dieser wichtigen Phase kommt es zur Wendung vom Ich zum Wir (Alfred Adler), vom Haben zum Sein (Erich Fromm).

Die Suche nach unserem persönlichen Selbst setzt keine besonderen Qualifikationen voraus; sie gelingt jedem, der sich bemüht. Eine Gefahr bieten lediglich die vielen, sich oft widersprechenden psychologischen Schulen, die zu einer Verwässerung der Idee und damit zu einer Verkümmerung in gefälliger, narzißtischer Selbstsuche führen.

Kapitel 10

Eine problematische Lebensphase im Brennpunkt

Wir kennen das Problem: Familienprägung ist Schicksal, unsere Ursprungsfamilie hat mit guten und schlechten Eigenschaften auf uns abgefärbt. Die Familienmitglieder haben als Vorbilder fungiert und hinterließen Prägungen in der Seelenlandschaft unserer Kinderpsyche. Eventuell haben sie uns der inneren Freiheit beraubt und einschränkende, blockierende Narben hinterlassen.

Diese in unserem Gehirn verinnerlichten Programmierungen können wir durch Neuprogrammierungen überarbeiten, indem wir die kreative Fähigkeit unseres Gehirns einsetzen. Dazu lernen wir, die Sprache unseres Nervensystems zu verstehen. Ungünstige Prägungssituationen können in jeder Lebensphase zu einem gesunden Ende gebracht werden. Chancen für eine positive Weiterentwicklung bestehen immer.

Wir alle streben ein Höchstmaß an psychischer Gesundheit an. Wir haben gehört, daß alle neurotischen Veränderungen Selbstheilungsversuche sind. Da diese Selbstheilungsversuche aber in die falsche Richtung gehen, ist es Aufgabe der Psychotherapie, Veränderungen in unserer Phantasie zu bewirken, so daß aus Unzufriedenheit und Depression Glück und Zufriedenheit werden.

Obwohl viele Analytiker der alten Schule der Meinung sind, daß die neuen Schwuppdiwupp-Methoden wie das *NLP (neurolinguistisches Programmieren)* an Scharlatanerie grenzen, so bin ich persönlich davon überzeugt, daß einige Elemente der neuen Therapien *nach* einer gründlichen Analyse schon in der Lage sind, relativ schnell psychische Veränderungen herbeizuführen. Es ist zweifellos richtig, wenn wir falsche Glaubenssätze in uns ändern, die uns am Erreichen unseres Zieles behindern.

Die Ereignisse unserer Kindheit und unserer ganzen Entwicklung existieren nur als Film in unserem Gehirn. Wir können diesen Film uns jetzt aus der Kindheitsperspektive, aber auch gleichzeitig mit den Augen und dem Verstand des Erwachsenen – gleichsam aus der Zuschauerperspektive – *von außen* ansehen. Der gefühlsmäßige Abstand bei diesem zweiten Hinsehen provoziert in uns weniger Widerstand, weil wir aus der sicheren Distanz weniger leiden müssen. Wir spüren, daß wir nicht weiter Dinge abwehren müssen, die gar nicht mehr passieren können. Wir können die Wahrheit jetzt ertragen und brauchen sie nicht länger unter den Teppich zu kehren. Wir können hinsehen wie in einem Film, was man damals, als wir ein wehrloses Kind waren, mit uns gemacht hat.

Wenn wir als Erwachsene ohne Grund ängstlich, depressiv, unglücklich, hilflos, ausgeliefert sind, dann entspricht das nicht unseren derzeitigen Möglichkeiten, es sind die Gefühle eines kleinen, schwachen Kinder-Ichs, die in uns weiterhin existieren und rebellieren. Vom Verstand her wissen wir ganz genau, daß uns in der oder der Situation nichts passieren kann, und doch haben wir Angst davor.

Wir konzentrieren uns in diesem Kapitel ganz bewußt auf einen problematischen Zeitpunkt in unserer Entwicklungsphase. Das könnte sein die Geburt eines Bruders oder einer Schwester, ein Todesfall, ein Umzug, ein

Hausbau, die Scheidung der Eltern, sexuelle Übergriffe oder andere in Erinnerung gebliebene ungünstige Ereignisse. Gibt es in Ihrer Kindheit einen solchen besonderen Zeitabschnitt nicht, so wählen Sie ihn einfach, z. B. das dritte, fünfte oder das siebte Lebensjahr.

Stellen Sie sich jetzt die damaligen engen Bezugspersonen vor, die Eltern, Geschwister, Großeltern, eventuell auch Tanten, Onkel, Cousins, Cousinen, eventuell auch eine/n Freund/in, eine Haushälterin, ein/e Nachbar/in, ein/e Lehrer/in, eventuell auch ein Haustier, etwa ein Hund.

Was empfinden Sie, wenn Sie Ihre damalige Lebensphase betrachten? In welchem Verhältnis standen die verschiedenen Familienmitglieder zueinander? Lassen Sie den Film laufen, betrachten Sie die Guten und die Bösen, die Pechvögel, die Glückspilze, Spaßige, Traurige, Ruhige, Redselige usw. Wie finden Sie heute als objektiver Zuschauer die Menschen in dieser Familie? Wie wirken sie auf Sie?

Erkennen Sie Ungerechtigkeiten, Kränkungen? Wer machte sich um was Sorgen? Wer war oft gut gelaunt, wer war meist schlechter Laune? Agieren hier schöne, äußerlich attraktive Menschen oder unattraktive, schlampige? Zwischen welchen Personen herrschte Liebe, Zuneigung, wo Abneigung?

Versetzen Sie sich einmal in die Rolle eines Fremden, Außenstehenden, wie würde der die Personen Ihrer Familie beschreiben?

Nun spielen Sie bitte in Gedanken – und nach Möglichkeit sprechen Sie dabei auch laut – nacheinander die einzelnen Familienmitglieder an! Denken Sie sich in ihre Rollen, was haben Sie gefühlt, gedacht? Was denken die einzelnen Personen über die anderen Familienmitglieder? Was sind ihre Enttäuschungen, Ihre unerfüllten Lebensträume?

Dann schlüpfen wir wieder in die Beobachterrolle und fragen uns, wo die größten Fehleinschätzungen liegen. Wer ist ungeduldig, wer enttäuscht? Welche Ungerechtigkeiten gab es? Leidet jemand unter der Schwäche eines anderen, profitiert jemand davon? Gibt es da etwas Bedrückendes in der kindheitlichen Familiendynamik? Vor welchen Personen hatten wir Angst? Welche Heimlichkeiten gab es? Was wurde verschwiegen, welche Themen waren Tabu? In der Nähe welcher Personen fühlten wir uns schlechter? Sind wir nach diesem Überblick enttäuscht? Hätten wir eigentlich eine bessere Familie verdient?

Denken Sie bei diesem gedanklichen Rollenspiel daran, daß es hier nicht um die historische Wahrheit geht, sondern darum, wie die einzelnen Personen in dieser Lebensphase subjektiv auf Sie gewirkt haben. Sagen Sie bitte nicht ständig, das kann ich ja gar nicht wissen. Jetzt, aus der Entfernung, finden wir z. B. schon Indizien dafür, ob die Eltern sich liebten.

Lachten sie gemeinsam, berührten sie sich, verbrachten sie einen Teil der Freizeit miteinander, erzählten sie einmal, wie sie sich kennenlernten? Gab es eine sexuelle Anziehungskraft, waren sie attraktiv füreinander? Mußten sie heiraten, war die Ehe eine Notlösung? Hatten sie außereheliche Beziehungen?

Wie war in dieser Zeit das Verhältnis der Eltern zu ihren Eltern und Schwiegereltern? Konnten sie sich richtig von ihnen lösen? Wurden sie weiterhin bevormundet? Wieweit griffen die Großeltern in die Erziehung der Kinder ein?

Konnte ein Elternteil seine Talente nicht ausleben? (Oft ist es die Mutter, die den Beruf unterbricht oder nicht beginnt.) Schätzten die Eltern ihre Kräfte richtig ein, waren sie oft müde? Kämpften die Eltern gegen Unrecht an, oder ließen sie sich alles gefallen? Sind wir seelisch und/oder körperlich Vater oder Mutter sehr ähnlich, und wurden wir vielleicht deshalb von dem gegengeschlechtlichen Elternteil besonders geliebt oder abgelehnt?

Glaubte sich eventuell ein Elternteil zu gut für den Partner, hatte er einen Dünkel wegen seiner Herkunft, seines Geldes o. ä.? Bei Kindern führt das leicht in die Prinzen-/ bzw. Prinzessinnenrolle und sie glauben, das Leben müsse für sie etwas ganz Besonderes bereithalten, natürlich ohne ihr Zutun.

Suchen Sie in diesem Kapitel bewußt nach chronischen Anspannungen in der Familie oder nach dramatischen Ereignissen. Eines davon kann die Geburt von Geschwistern sein. Auch umgekehrt kann sich die Auseinandersetzung von jüngeren Geschwistern mit älteren sehr schwierig gestalten. Nicht selten werden die Kleinen von den Großen geschlagen, bevormundet oder sonstwie drangsaliert.

Wenden wir uns noch einmal den Großeltern zu, dann sollten wir berücksichtigen, daß diese völlig andere Wertvorstellungen hatten. Insbesondere die Einstellung zur Sexualität, Empfängnisverhütung und Scheidung war eine völlig andere. Gut und rücksichtsvoll bedeutete damals etwas anderes als heute. Pflichterfüllung, Streß und Krieg haben ihre Spuren hinterlassen. Viele Menschen haben durch die Großeltern viel Positives erfahren, oft hatten sich diese jedoch auch über Gebühr in die Erziehung eingemischt und die Enkelkinder, uns, verwöhnt.

Und nun stellen Sie sich selbst noch einmal inmitten dieser Familie in einem bestimmten schwierigen Jahr vor. Wie war damals Ihr Körpergefühl, wie stand es um Ihren Seelenzustand? Vielleicht können Sie schon jetzt Ihre Probleme, Ihr Sie störendes Verhalten, Ängste, Minderwertigkeitskomplexe, Abhängigkeiten von Substanzen und Menschen, die Art zu denken und aufzutreten mit kindlichen Konstellationen in Verbindung bringen.

Von uns in der Kindheit geliebten Menschen möchten wir nachfolgen, wir möchten so werden wie sie, und so imitieren wir unbewußt auch ihre negativen Eigenschaften. Böse Menschen lehnen wir ab, damit auch unbewußt ihre positiven Eigenschaften. Vielleicht haben wir einige Charakterpaare wie z.B. Fröhlichkeit und Übergewicht, Lustigkeit und Alkoholtrinken, Gutgelauntheit und beruflicher Mißerfolg, Verläßlichkeit und Depressionen, Ehrlichkeit und Migräneneigung so verinnerlicht, daß wir sie im späteren Leben miteinander in Verbindung bringen.

Vielleicht hatte eines unserer Vorbilder in der Familie ein ähnliches Problem oder eine ähnlich ungünstige Verhaltensweise wie wir? Warum war dieses Vorbild uns so sympathisch? Können wir vielleicht diese positive Ausstrahlung haben ohne die negative Eigenschaft?

Hatten ungeliebte Familienmitglieder eventuell auch gute Eigenschaften? Können wir diese Eigenschaften vielleicht nicht doch bei uns ausbauen, ohne unsympathisch zu werden? Wie steht es mit unseren nichtgelebten Lebenswünschen? Wie war das mit unserem Traumberuf?

Erfuhren wir in einer gewissen Lebensphase statt Toleranz und Verständnis eher Abneigung, Kälte, Intrigen, Haß? Vergleichen Sie etwaige jetzige Beziehungsprobleme mit Beziehungsproblemen in ihrer Primärfamilie. Können Sie die Mißverständnisse und Enttäuschungen zusammen mit Ihrem Partner besprechen? Können Sie unterschiedliche Prägungen in ihren Ursprungsfamilien ausmachen, können Sie sehen, was Sie ändern müssen? Trennen Sie die positiven von den negativen Prägungen, und entwerfen Sie einen Plan für die Zukunft. Treten Sie aus den Schatten der Vergangenheit heraus und enttarnen Sie unkritische Vorurteile. Verlassen wir doch einfach die uns angeblich von unseren Vorfahren bestimmte Lebenslinie. Hüten wir uns davor, ihre ungünstigen Lebensläufe zu kopieren. Auch wenn wir glauben, als Kind durch Unaufmerksamkeit der Erwachsenen krank geworden zu sein – wir können diesen Mangel von damals nicht von unseren jetzigen Bezugspersonen einfordern.

Es gilt jetzt, das aus unserer Kindheit im Gehirn gespeicherte Material durch *neue, positive Impulse, Ideen, Visionen* zu ergänzen. Unsere Gehirnzellen leben und sind auch jetzt jeden Tag mit neuen Bildern und Gefühlen zu füttern. Die ursprünglichen Erfahrungen brauchen und können nicht verschwinden. Wichtig ist, daß wir uns eine *neue Wahrnehmung* erschaffen.

Um die Möglichkeit dieser Veränderung zu akzeptieren, ist es gut, daß wir uns immer wieder klarmachen, daß Gedanken nicht aus dem Nichts kommen, sondern daß diese elektrochemische Reaktionen in unseren Gehirnzellen darstellen.

Versuchen wir also einmal, die Personen aus unserer Kindheit mit schlechten Eigenschaften zu erneuern. Ohne Rachegefühle können wir uns nach den guten Eigenschaften von Vater, Mutter und Verwandten fragen, die sie mit Sicherheit auch hatten. So können wir uns veränderte, annehmbarere Bezugspersonen konstruieren, die wir nicht mehr völlig ablehnen müssen und sie vielleicht als Vorbild akzeptieren können.

Gehen Sie an die Arbeit, und bauen Sie in der Entspannungssituation Ihre Familienmitglieder seelisch auf. Seien Sie großzügig, und schenken Sie Ihnen in Gedanken Ruhe und Gelassenheit, Selbstvertrauen und Selbstbewußtsein, Verständnis und Toleranz, die Fähigkeit zur Freude und Dankbarkeit, menschliche Wärme und Zuneigung, Kontaktfreudigkeit und Fröhlichkeit, Lebensfreude allgemein, auch den Mut, sich aus einer ungünstigen Partnerschaft zu trennen, Lebendigkeit, Liebe und Zärtlichkeit, die Fähigkeit, über seine Wünsche, Gefühle, Träume zu reden, persönliche Ausstrahlung und Gesundheit, die Gabe, verzeihen zu können, das richtige Wissen über Gesundheit, Ernährung, seelische Zusammenhänge und natürlich auch genügend Zeit, um sich um uns zu kümmern.

Wenn die Familie in Gedanken so ist, wie Sie sie gerne gehabt hätten, wenden Sie sich Ihrem Kind-Ich in der damaligen Entwicklungsphase zu. Bringen Sie sich noch einmal in die Entspannungssituation und blicken Sie aus Ihrer jetzigen Perspektive, also mit Ihrem Erwachsenen-

Ich auf das Kind von damals. Trösten Sie das Kind, sprechen Sie ihm Mut zu, nehmen Sie es in den Arm und versprechen Sie ihm, daß es ihm bald besser gehen wird. Bauen Sie ein richtiges Vertrauensverhältnis auf, bringen Sie es zum Fröhlichsein. Sehen Sie sich das Kind genau an, wie es auf Ihre Bemühungen reagiert, wie es lacht, sich freut, Angst und Unsicherheit verliert.

Schrittweise wird die gesamte frühere Familie in unseren Gedanken geheilt. Zaubern ist erlaubt. Doch unser Gehirn braucht zur positiven Veränderung genaue Vorstellungen. Versuchen wir, uns deshalb alles ganz plastisch vorzustellen. Geben wir den Dingen eine Form, eine Farbe, eventuell auch einen Klang, einen Geruch. Mit dem bereits bekannten Als-ob-Denken tun wir so, als sei die anstehende Veränderung bereits erfolgte Realität.

Mit den neuen Hinzufügungen gelingt unserem Gehirn ein Umlernen. Das hört sich zwar an wie Zauber, ist aber ein ganz realer, physiologisch erklärbarer Vorgang. Durch unsere Kreativität geben wir unsere positiven Erfahrungen, die wir im Laufe unseres Lebens gemacht haben, in die Schaltkreise unserer Nervenzellen im Gehirn und bewirken, daß dort ein besseres Bild entsteht.

Durch diese unsere Arbeit passiert es automatisch, daß wir Trauer darüber empfinden, daß wir so vieles in der Kindheit vermissen mußten. Diese bisher verdrängte Trauer kommt jetzt automatisch beim nochmaligen Durchleben unserer Gefühle zum Vorschein. Aber wir sind jetzt bereits stark genug, diese Gefühle zu ertragen. Sind wir es nicht, brauchen wir einen Therapeuten.

Zum Schluß nehmen wir all die positiven Energien, mit der wir unsere Herkunftsfamilie ausgestattet haben, regelrecht körperlich in uns auf und transportieren dann die neugestaltete Vergangenheit in die Gegenwart.

Gibt es in unserer Familiengeschichte extrem gehaßte Personen, denen wir keine Reue zutrauen, die wir weder nach Strafe noch nach einem klärenden Gespräch wieder als Familienmitglieder akzeptieren können, dann müssen wir die Kraft haben, uns von ihnen zu trennen.

Falls ein Elternteil gar nicht existiert, sei es, daß er früh gestorben, im Krieg gefallen ist oder schon sehr früh die Familie verlassen hat, können wir durch eine Phantasieperson, eine angesehene Persönlichkeit aus der Wirklichkeit oder durch einen Romanhelden diese Lücke schließen.

Kapitel 11

Die neue Wertordnung und der erste Blick in die Zukunft

Irgendwann hat uns die Selbstanalyse Klarheit über unsere Vergangenheit gebracht, und wir können unsere Krankheitssymptome, unsere Schwierigkeiten, unsere Probleme einordnen. Wenn es uns in dieser vertieften Selbsterkenntnis gelingt, Einsicht in den Ablauf und den Sinn unserer bisherigen Lebensgeschichte zu gewinnen, dann genügt es uns nicht mehr, unsere Schwächen und Fehler, unsere Neigungen und Fähigkeiten zu erkennen – dann wollen wir zielstrebig die Zukunft positiver, sinnvoller gestalten.

Natürlich werden uns bei der Klärung der Vergangenheit auch schon die Ursachen für die gegenwärtigen Konflikte und Belastungen deutlich. Frühkindliche und spätere seelische Verletzungen haben, wie wir gesehen haben, sehr viel mit unseren Gegenwartskonflikten zu tun. Hierbei handelt es sich in der Regel um gefühlsmäßige Beziehungen zum Partner, zu Eltern und Kindern. Mit Abstand am häufigsten kommt es zu Liebes- und Sexualkonflikten. Die Gefahr einer Abhängigkeit von Menschen ist genauso groß wie die von Alkohol und Drogen. Seltener betroffen sind andere soziale, berufliche, finanzielle, gesundheitliche Probleme.

Da Schuldgefühle, Gewissensbelastungen und andere Konflikte Ängste erzeugen, die fast immer verdrängt werden, kann eine Selbstanalyse nur gelingen, wenn wir lernen, absolut ehrlich zunächst zu uns selbst, dann aber auch zu anderen zu sein.

Je intensiver wir unseren Blick in die Zukunft richten, um so klarer müssen die Fragen wie «*Was belastet mich?*», «*Wovor habe ich Angst?*», «*Was mache ich falsch?*», «*Was soll ich tun?*» und ähnliche beantworten lernen.

Manche Konflikte werden wir besser, andere nicht so gut lösen. Klar werden sollte uns ganz schnell, daß *wir* es sind, die die Spiele spielen, daß *wir* ganz allein verantwortlich sind für unser Leben.

Wenn wir bei einer anstehenden Entscheidung die Argumente für das Für und Wider einander schriftlich gegenüberstellen, fällt es uns eventuell leichter, eine Entscheidung zu treffen. Oft ist es aber auch ganz sinnvoll, den Entschluß langsam reifen zu lassen und uns nicht überstürzt zu entscheiden. Natürlich ist die Art der Problemlösung individuell sehr verschieden. Manche Konflikte lassen sich nur sehr langsam, schrittweise lösen, z. B. durch die konsequente Erziehung eines schwierigen Kindes. Andere Probleme müssen plötzlich entschieden werden wie z. B. die Kündigung eines unerträglichen Arbeitsverhältnisses.

Daß man den Kuchen nicht gleichzeitig behalten und ihn essen kann, versteht sich von selbst.

Aber wie oft können wir uns nicht zwischen zwei Menschen, zwischen zwei Orten, zwischen Bleiben und Weggehen entscheiden?

Daß es in jedem Leben auch ein Schicksal gibt, das nicht zu ändern ist, ist nicht zu leugnen. Nicht jeder kann eine Jacht im Mittelmeer haben. Nicht jeder ist immer und ständig ohne gesundheitliche Probleme. Doch Einsamkeit, Krankheit, Finanznot können und müssen auch einmal ausgehalten werden.

Je unreifer und neurotischer eine Persönlichkeit ist, um so ausgeprägter ist ihre Entscheidungsunfähigkeit. Der Zwiespalt der Strebungen führt zu ewig ungelösten Konflikten. Die reife, ausgeglichene Persönlichkeit dagegen ist in der Lage, anhand klarer Wertmaßstäbe, aus denen sich Aufgaben, Rechte und Pflichten ableiten lassen, Urteile und Entscheidungen zu treffen.

Teilen Sie Ihre anstehenden Probleme und Schwierigkeiten in solche, die sie ändern können, und solche, auf die Sie keinen Einfluß haben. Steht es mit dem besten Willen nicht in Ihrer Macht, eine ungünstige Situation zu ändern, so akzeptieren Sie diese, auch wenn es noch so schwerfällt. Öfter haben Sie jedoch die Macht, Dinge zu ändern. Dann sollten Sie diese Veränderung mit aller Kraft und sofort betreiben.

Eine sehr wichtige Entscheidung ist, eine neue Wertordnung zu schaffen. Wenn wir erkannt haben, daß es für uns wichtiger ist, weniger Angst und weniger innere Unruhe zu haben als eine ordentliche, saubere Wohnung, dann muß z. B. die Entspannungsübung vor dem Staubsaugen rangieren. Mit aller Energie und Konsequenz müssen wir dann solche Erkenntnisse in die Tat umsetzen. Die wichtigsten Aufgaben müssen in der Rangordnung ganz oben stehen und müssen auch konsequent zum Abschluß gebracht werden. Daß wir dazu unseren gesamten bisherigen Tagesablauf in Frage stellen müssen, ist selbstverständlich. Unser neues Leben beginnt also mit einer Neuordnung unserer Werte und einer sinnvollen Zeiteinteilung. Wer seine Zeit vergeudet, gewinnt nicht mehr Freiheit, sondern beeinträchtigt seine Arbeitsfreude.

Sie sollten sich eine Liste mit andrängenden Pflichten und Aufgaben anlegen und diese gemäß ihrer Rangordnung numerieren.

Zum Ordnen und Einstufen seiner Werte gehört also notgedrungen eine kritische Zeiteinteilung. Wir können relativ einfach lernen, unseren trägen Willen zu überlisten, indem wir uns selbst einen gewissen heilsamen Zwang auferlegen. Zeit haben ist identisch mit richtiger Zeiteinteilung. Wer seine Zeit vergeudet, ist nicht nur ständig in Zeitnot, er fühlt sich überlastet, gestreßt, entmutigt und verliert an Lebensfreude.

Der Tagesablauf sollte durch einen kurzfristigen Zeitplan geregelt sein. Trotz anders lautender Schutzbehauptungen ist die Leistungsfähigkeit bei fast allen Menschen morgens am größten. Schon früh kann nach einem kurzen Kaffeetrinken viel kostbare Zeit gewonnen werden. Die persönliche Organisation und Arbeitstechnik muß durchleuchtet und eventuell neu geordnet werden.

Genauso wichtig ist die sinnvolle Freizeitgestaltung. Übermäßige Zeitvergeudung durch Fernsehen, Zeitschriftenblättern, Stammtischgelage oder Kartenspielen bringt weniger Erholung als Spazierengehen in frischer Luft, eine sportliche Betätigung oder geistig anregende Gespräche.

Weder ein selbstzerstörerisches Grübeln über eine verpfuschte Vergangenheit noch wirklichkeitsfremde Träume für die Zukunft führen uns zu einem glücklichen Leben.

Seelische Gesundheit und Lebenskraft erwächst nur, wenn wir unsere privaten und beruflichen Nah- und Fernziele realitätsgerecht ins Auge fassen.

Die Hauptgefahr ist, daß wir unser Leben dem Zufall, dem sogenannten Schicksal überlassen, statt es eigenverantwortlich selbst zu gestalten. Vordergründiger Lebensgenuß befriedigt nur sehr kurzfristig. Auf die Dauer können uns nur eine sinnvolle, regelmäßige Arbeit und die Früchte daraus glücklich machen. Wer keine klare Richtungsvorstellung hat, der verirrt sich, der dreht sich bei der Fahrt ins Blaue ständig im Kreis. Wer seine eigene Leistungsfähigkeit kennt, seine Zeit und Kraft geschickt einsetzt, kann Optimales leisten und dabei Freude und Befriedigung empfinden.

In der Selbstanalyse können uns die Motive für unsere Berufswahl wichtige Charakterhinweise geben. Haben wir uns dem elterlichen Wunsch gebeugt, sind wir einer Berufung gefolgt, war es Geltungssucht und Gewinnstreben, oder sind wir nur der Marktlage gefolgt?

Beim Blick in die Zukunft müssen wir uns fragen, was der höchste Wert, das letzte Ziel in unserem Leben sein soll. Die Erfahrung zeigt, daß ideelle Ziele, die Werte wie Beständigkeit, Ehrlichkeit, Zuverlässigkeit, Geduld usw. beinhalten, glücklicher und zufriedener machen als das Streben nach Macht und materiellen Gütern. Habe ich eine Rangordnung für meine Ziele aufgestellt, dann kann ich die Wege suchen, die dorthin führen.

Hieraus sollte automatisch folgen, daß wir uns am intensivsten mit den Menschen verbunden fühlen sollten, die am ehesten mit dieser unserer Wertordnung übereinstimmen. Weder die selbstunsicheren Zweifler und Zauderer noch die Überheblichen, die vermeintlich Überselbstbewußten bringen uns weiter. Dagegen hilfreich sein können uns Menschen mit einem gesunden Selbstbewußtsein, die unbeirrbar ihr Ziel verfolgen, aber weltoffen jede sachliche Diskussion akzeptieren. Menschen mit einem ansteckenden Glauben an die Zukunft sollten wir zum Leitbild wählen.

Eine wichtige Erkenntnis wird sein, daß wir bereit sind, für ein entferntes Lebensziel Entbehrungen auf uns zu nehmen. Ein Student z. B. weiß, daß er viele Jahre auf einiges verzichten und ernsthaft arbeiten muß, wenn er nach der noch fernen Prüfung einen interessanten Beruf haben möchte.

Durch die Selbstanalyse werden wir erlebens- und leistungsfähiger. Das Verfolgen klarer persönlicher, familiärer und beruflicher Ziele erfüllt uns mit Hoffnung und beschert uns den Erfolg. Daß aber auch die Psychotherapie bei der Frage nach dem Sinn des Lebens und dem Ende des Lebens an eine Grenze stößt, wissen wir alle.

Hier beginnen im Grunde die religiösen Fragen. Jeder, der jetzt vorschnell abwinkt, sollte sich dieser wichtigen Energie- und Triebfeder bewußt werden. Nichts, aber auch gar nichts sollten wir vorschnell aus unserem Blickfeld verbannen. Jede Entscheidung, die wir einmal getroffen haben, sollten wir hinterfragen. Nicht jeder kann ein gläubiger Mensch sein, aber jeder sollte sich mit dem *Gedankengut* der Religion seines Kulturkreises auseinandersetzen. Kommt er zu dem Schluß, das ist nichts für mich, gut, dann hat er seine Entscheidung nach gründlicher Überprüfung getroffen.

Kapitel 12

Durch Neuprogrammierung und positives
Denken zu Glück und Erfolg

Jeder möchte glücklich und gesund sein. Während bei
dem Begriff der Gesundheit als körperliches, seelisches
und soziales Wohlbefinden noch ziemlich einfach eine
Verständigung möglich ist, gehen die Meinungen über
das, was wohl Glück und Glücksfähigkeit bedeuten,
schon erheblich auseinander. Das persönliche Glücks-
erleben ist nicht notwendig von glücklichen Ereignissen
abhängig. Ein hoher Lottogewinn muß nicht automatisch zu intensiver Freude und Zufriedenheit führen.
Seelische Harmonie erwächst vielmehr aus einer weisen
Lebensführung. Wenn wir wissen, was machbar ist,
können wir unser Leben und unsere Umwelt beeinflussen. Für die meisten Menschen bedeutet Glück die
vollständige Erfüllung aller Wünsche und Phantasien.
Die verfolgten Ziele sind meistens Gesundheit, Reichtum, Liebe. Nicht erst seit Sigmund Freud wissen wir,
daß Glück in erster Linie etwas mit der Befriedigung
aufgestauter Bedürfnisse, das heißt, mit dem Erleben
starker Lustgefühle zu tun hat.

Es gibt viele Ratschläge, wie wir uns diesem Höchstmaß an Wohlbefinden annähern können. Oft handelt es
sich jedoch um Tips, wie wir Schmerz, Angst, Unlust verhindern können, also um eine Leidvermeidung. Viele
kulturellen Regeln sind auf Triebverzicht gegründet und
mindern die Rolle des Sexuellen als Glück. Statt uns aus-
zuleben in von z. B. in unserem Kulturkreis geächteten

Orgien, bietet uns die Gesellschaft eine Fülle von Ersatz-Befriedigungen. Die Befriedigung der aktuellen Bedürfnisse ergibt jedoch nicht unbedingt das wahre Glück, denn ungünstige gesellschaftliche Konstellationen könnten uns eventuell daran hindern, unsere eigentlichen Bedürfnisse überhaupt zu erkennen. So vielfältig die menschlichen Interessen und Sinnentwürfe sind, so viele verschiedene Glückserwartungen gibt es auch.

Eine volle Lebenszufriedenheit geht weit über eine oberflächliche Bedürfniserfüllung hinaus, sie meint immer auch, daß das ganze Leben einen Sinn hat und einen bestimmten Wert besitzt. Die Bewertung des Glückes ist so schwierig, weil manche Menschen weniger, andere mehr für die Erreichung dieses Zustandes benötigen.

Im Rahmen der Vielfältigkeit des menschlichen Leidens müssen wir den Schmerz als Bestandteil eines als Ganzes sinnvollen Lebens akzeptieren, so wie wir unsere Verantwortlichkeit für unsere Glücksfähigkeit akzeptieren müssen. Objektives (Finanzlage, Arbeit, Familie, Gesundheit) und subjektives Wohlbefinden (Glück, Hoffnungen, Träume) sind Kriterien für unsere Lebensqualität.

Wir können uns nicht jedem Unglück entziehen, aber wir können unsere Fähigkeit, Glück zu erleben, ja geradezu zu provozieren, steigern. Glück ist nicht etwas, das vom Himmel fällt oder uns in die Wiege gelegt wird. Meine in diesem Buch vertretene Psychologie beweist, daß wir, rein empirisch-wissenschaftlich, unser Glücksgefühl steigern können. Wir können sehr effektiv dafür sorgen, daß unser Wohlbefinden nicht ständig durch Erschöpfung und Zerschlagenheit irritiert wird, daß wir nicht laufend in Ängsten und Sorgen, in ständiger Aufregung und Nervosität unsere Kräfte verzehren.

Viel stärker, als die meisten von uns glauben, können wir unseren Gesundheitszustand und unser körperliches und seelisches Wohlbefinden steigern. Da die Lebenszufriedenheit in hohem Maße von guten Beziehungen zu einem Partner und einem Freundeskreis abhängt, müssen wir uns in die Lage versetzen können, diese Partnerbeziehungen möglichst positiv zu gestalten, oder, falls dies nicht möglich ist, die Kraft gewinnen, nicht aufbaufähige Beziehungen zu beenden. Probleme z. B. bezüglich der Verhaltensweisen von Angehörigen und Freunden sind nicht immer unüberwindlich. Soziale Strukturen, unser Bildungsniveau, unsere Wohnverhältnisse und unser Arbeitsplatz sind oft zum besseren veränderbar. Unsere Reserven, mit Alltagsproblemen und ernsthaften Erschütterungen fertigzuwerden, sind steigerungsfähig.

Da es aber viele Menschen gibt, die mit guten Bedingungen unzufrieden und solche, die mit schlechten Bedingungen zufrieden sind, müssen wir in unseren Überlegungen noch eine Stufe tiefer in die menschliche Seele hineinsteigen. Gerade Begriffe wie Glück und Lebenszufriedenheit unterliegen einer außergewöhnlich starken subjektiven Bewertung. Die inhaltliche Ausstattung eines Lebens ist nicht exakt auf ein anderes zu übertragen. Doch die Art, wie wir uns diesem Phänomen nähern, ist auf fast alle Menschen anwendbar: Nachdenken über die eigene Situation, Ressourcen steigern und die Dinge ändern, die zu ändern sind.

Jeder hat die Möglichkeit, sein Leben zu entfalten und reif zu werden. Niemand von uns muß sterben, ohne wirklich gelebt zu haben. Doch wir müssen dafür etwas tun. Selbstanalyse und Selbsttherapie ist streckenweise ein sehr mühsamer, steiniger Weg, aber er ist *die* Möglichkeit, unser Leben sinnvoll zu gestalten.

Mit der Arbeit an diesem Buch verlassen Sie das große Lager der unzufriedenen, ängstlichen, traurigen Menschen, die vergeblich nach Glück suchen. Sie werden aber zuerst das Leid, das Ihnen in der Kindheit und später zugefügt wurde, noch einmal durchleben, spüren, aushalten müssen, die Kränkungen, die unerfüllten Wünsche, aber auch das Verwöhntwerden durch gutmeinende Eltern. Erst wenn Sie wissen, warum Sie so sind, werden Sie sich mit der Technik des positiven Denkens neu programmieren können. Ganz gleich, wie alt Sie sind, werden Sie in sehr kleinen Schritten ihren Körper, Ihren Geist und Ihre Seele motivieren, am Wachstum teilzunehmen. Und indem Sie den Erfolg von Tag zu Tag erleben, wächst Ihre Freude, daß Sie selbst aus eigener Kraft in der Lage sind, vieles zum Positiven zu ändern.

Jeder weiß, daß negative Gedanken wie Angst, Ärger, Wut, Haß, Neid uns blockieren und uns unglücklich machen, positives Denken dagegen, wie es uns Gefühle von Liebe, Zuwendung, Verständnis, Toleranz geben, zu Zufriedenheit und Harmonie führen. Daß wir den Strom unserer Gedanken steuern können, ist zwar ein bekanntes psychologisches Gesetz, aber es wird kaum genutzt. Um im großen Spiel des Lebens bestehen zu können, müssen wir das positive Denken lernen wie eine Fremdsprache. Niemand ist stark auf die Welt gekommen. Wir müssen uns immer wieder motivieren und das geht über den Kopf. Jeder von uns kann sich täglich diese kleine Botschaft geben: «Tue dies, laß das andere!»

Ruhe, Humor und Verständnis auszustrahlen, kann man sich aneignen, so wie man Unruhe, Zorn, Mißtrauen vertreiben kann. Unsere Gedanken bestimmen tatsächlich unser Schicksal. Kein anderes Lebewesen hat diese Kraft produzierender Gedanken in sich. Es liegt ganz allein an uns selbst, auf welche Weise wir diese Kraft einsetzen. Durch negative Gedanken fördern wir die zerstörerischen Elemente in uns, durch positive Gedanken fördern wir Gesundheit, Glück und Erfolg.

Unsere Gedanken sind das gewaltigste magnetische Energiefeld, das es gibt. Glück haben ist nichts anderes als das Ergebnis von glückbringenden Gedanken. Sobald wir nur positive Gedanken zulassen, befreien wir uns automatisch von den negativen. Gemäß der *Konstanz-Hypothese* von Jack Dusay ist die gesamte psychische Energie immer gleich groß. Nimmt z. B. die Intensität eines Ich-Zustandes zu, so müssen andere zum Ausgleich schrumpfen. Wenn wir den Anteil verstärken, von dem wir mehr haben möchten, so wird die Energie automatisch von anderen Anteilen, von denen wir relativ weniger haben möchten, abgezogen.

Kommen wir z. B. gemäß unserer Selbstanalyse zu dem Schluß, daß wir in Zukunft fürsorglicher sein wollen statt zu kritisieren, so werden wir diese Änderung von Tag zu Tag in kleinen Schritten vollziehen. Wir werden z. B. anderen zeigen, wie etwas gemacht wird, statt Befehle und Anweisungen zu geben. Wir brauchen unser als ungünstig erkanntes Verhalten gar nicht zu beschneiden, wir brauchen nur die Verhaltensweisen zu bevorzugen, die wir steigern möchten.

Während unserer täglichen Entspannung konzentrieren wir uns auf diesen Gedanken, möglichst anhand von Beispielen. Ich bin fürsorglicher, statt andere zu kritisieren. Ich zeige, wie etwas gemacht wird, statt Befehle zu geben.

Der alte Spruch, daß die Reichen immer reicher und die Armen immer ärmer werden ist leider wahr. Wer im Bewußtsein von Armut, Entbehrungen und Mangel lebt und mit Neid auf die reichen Nachbarn blickt, blockiert automatisch in sich die Veränderung zum Großen, Guten und natürlich auch zum Wohlhabenden.

Bewußt oder unbewußt steuert jeder sein Leben selbst. Jedes überlegte Handeln ist ein Produkt unserer Gedanken. Allzuoft lassen wir andere für uns entscheiden, weil wir uns schlecht entscheiden können und weil wir Angst haben, einen Fehler zu machen. Solange wir uns jedoch immer Ratschläge von anderen holen, bleiben wir unreif und unsicher und halten uns selbst in der Abhängigkeit von anderen. Doch jede Änderung zum Besseren bedeutet Kraftanstrengung, eine Leistung.

Bevor wir andere um Rat fragen, sollten wir überlegen, wie wir das Problem selbst lösen können.

Prüfen wir einmal ganz ehrlich uns selbst! Wir sind Zauberkünstler im Verlagern der Verantwortlichkeit: Unsere Nachbarn, Kollegen, der Partner, die Verwandten, eventuell auch Geräte, Maschinen sind schuld daran, daß etwas mißlingt. Natürlich ist der Ehepartner schuld am Streit und an der Disharmonie, natürlich vermiest der Chef das Betriebsklima, der Arbeitgeber ist schuld, daß wir nicht mehr verdienen. Oft ist dieser Gedanke auch richtig. Nur eines müssen wir uns immer wieder vor Augen halten: Ganz selten können wir die anderen ändern;

was wir ändern können, sind *wir, unser* Denken, *unser* Fühlen, *unser* Verhalten. Wir müssen *unser* Leben schon selbst in die Hand nehmen, andere können und sollen uns das nicht abnehmen.

Wir selbst tragen die Verantwortung für unser Leben. Nicht die anderen sind schuld an unserem Pech und Unglück, sondern wir allein entscheiden über Erfolg und Mißerfolg. Wir selbst sind verantwortlich für unsere Antriebe, unsere Gefühle und Handlungen, aber auch für unser Versagen.

Kapitel 13

Änderung unserer seelischen und geistigen Einstellung

Wir haben heute erstklassige Instrumente, um z. B. ein Magengeschwür zu diagnostizieren, und gute Medikamente und perfekte Operationstechniken, um es zu eliminieren. Doch die Ursachen der Geschwürbildung, herrschsüchtige Eltern, Streß im Beruf, partnerschaftliche Probleme spielen nur eine untergeordnete Rolle bei der Bewältigung und Wiederherstellung von Gesundheit. Wieviel Leid könnten wir verhindern, wenn wir uns mehr um unsere unerfüllten Wünsche und Träume, unsere verborgenen Ängste, den angestauten Ärger, den ungelösten Konflikt, Frustrationen, Verluste, Enttäuschungen kümmern würden. Diese geistig-seelischen Faktoren spielen eine weitaus größere Rolle für Wohlbefinden und Gesundheit, als wir gemeinhin annehmen.

So wichtig richtige Ernährung und körperliche Fitneß auch für unser Wohlbefinden sind, sie sind nicht alles. Grundlegende Denkmuster, aufbauende und destruktive, wirken sich zwingend auf unser Lebensgefühl aus. Wer ständig gekränkt ist, kann nicht glücklich sein. Wir selbst haben die Wahl zwischen positiven und negativen Gedanken, Ideen und Vorstellungen. Deshalb liegen auch die therapeutischen Kräfte der Selbstheilung in uns.

Es hat sich gezeigt, daß eine fröhliche, ausgeglichene, positive Lebenseinstellung wichtiger ist als verbissenes körperliches Training und strenge Ernährungsregeln. Der Schlüssel für ein erfülltes Leben liegt in einer heiteren,

wachen, lebendigen Aktivität und weniger in einer aus-
getüftelten Diät und extravaganten Übungen. Gute
Laune, Sinn für Humor, ein freimütiger Geist sind ent-
scheidender für ein langes, gesundes Leben als monotones
Muskeltraining und vegetarische Ernährung. Da sich mit
dieser fundamentalen Wahrheit keine so großen Gewinne
erzielen lassen wie mit diätetischen Nahrungsmitteln,
teuren Sportgeräten und operativen Eingriffen, ist dieses
Gedankengut nicht so verbreitet wie die (Produkt-)Ideen,
die Umsatz bringen.

Gesundheit äußert sich im freien, fröhlichen Einsatz
der gesamten Persönlichkeit und nicht in der neurotischen
Sorge um die Körperfunktionen. Ungesunde Denkge-
wohnheiten sind schädlicher als ungesunde Verhaltensweisen. Die Lösung des Problems liegt also in uns und
nicht in wirksameren Medikamenten, besseren Kran-
kenhäusern und noch mehr Milliarden für das Gesundheitswesen.

Wir können unsere Gesundheit nicht in Apotheken und
Reformhäusern kaufen, wir müssen sie uns selbst erarbeiten. Die Beherrschung und die Förderung unserer inneren, lebensfördernden Kraft können wir nur durch unsere positiven, kreativen Gedanken erzielen. Die Heilkraft unserer Psyche ist nahezu unbegrenzt.

Auf der anderen Seite weiß die Menschheit seit Jahr-
tausenden, daß «Todsünden» wie Habgier, Begierde,
Neid und Ärger auf Dauer tatsächlich *tödlich* wirken. In
vielen alten Kulturen wußte man, daß körperliche Symptome ihre Ursache in psychischen Zuständen wie Angst
und Furcht haben. Es ist das Verdienst von Sigmund
Freud in der Neuzeit, die vielfältigen Ausdrucksformen
seelischer Not wie Migräne, Herz- und Magenschmerzen,

Schlaflosigkeit, Impotenz usw. benannt zu haben. Er zeigte uns (wieder!), daß Krankheiten entstehen, wenn unser Unbewußtes durch neurotische Sehnsüchte, verborgene Ängste, ungelöste Konflikte und lange unterdrückte Schuldgefühle gequält wird.

Inzwischen hat auch die technikgläubige Medizin eingesehen, daß nicht der hohe Cholesterinspiegel, das Frühstücksei und die Butter zum Herzinfarkt führen, sondern Streß, Frust und aufgestauter Ärger. Wir wissen heute, daß hoher Blutdruck und Cholesterinspiegel stärker davon abhängt, was in den Köpfen vorgeht, als von der Art der Ernährung. Die geistige Grundhaltung, ob jemand z. B. aggressiv, kompromißlos, ehrgeizig, verkrampft oder lässig, locker, verbindlich ist, spielt eine größere Rolle für Krank- oder Gesundsein, als wir bislang angenommen haben.

Genauso wissen wir heute, daß Einsamkeit, Furcht, Depressionen, geistig-seelischer Streß uns anfälliger machen für Infektionen aller Art. Die Alltagserfahrung lehrt uns, daß Menschen mit hohen Ansprüchen und geringen Fähigkeiten, die sich ehrgeizig immer wieder unter Druck setzen, z. B. häufiger erkältet sind als realistischere und sorgenlosere Typen. Fröhliche, optimistische, freundliche Menschen haben in der Regel ein stabileres Immunsystem als traurige, sozial isolierte, eher introvertierte Menschen.

Wir haben in den letzten Jahren auch gelernt, daß Krebswachstum eher Menschen befällt, die sich hilflos und hoffnungslos fühlen, deren Seele durch Kummer, Verbitterung und Angst aufgefressen wird. Optimistische, selbstsichere Persönlichkeiten haben, selbst im Falle einer Erkrankung, weitaus höhere Überlebenschancen.

Elternhaus und Schule bereiten uns darauf vor, um genügend Geld zu verdienen, aber nicht um sinnvoll zu leben. Unserem modernen Schulwesen fehlt eine breite Erziehung zu Bildung und Lebenstüchtigkeit. Wer kümmert sich noch um einen sittlichen Charakter? Das sind Werte, die heute eher verspottet werden wie Philosophie und Poesie auch.

Ethische Normen und moralische Prinzipien sind in den Leistungskursen unserer Gymnasien und an unseren Universitäten nicht gefragt. Obwohl wir immer wieder auf die Wichtigkeit einer kulturellen Erziehung und auf eine ganzheitliche Orientierung in der Medizin hinweisen – es ändert sich nicht viel. Es ist wohl einfacher, sich mit Scheuklappen in anatomischen Details und mechanistischen Theorien festzubeißen.

Natürlich ist ein Knochenbruch oder eine Blinddarmentzündung offenkundiger als zerschlagene Träume oder ein gebrochenes Herz. Die Symptome zu behandeln, war schon immer verführerischer, als sich an die Ursachen heranzutasten. Die Botschaft, der Mensch ist nicht, was er tut und ist, sondern was er denkt, ist offenbar nicht ganz einfach zu vermitteln. Wir sind eher bereit, unsere physische Lebensweise umzukrempeln als unsere geistige Einstellung zu ändern. Allzugerne delegieren wir die Zuständigkeit für unsere Gesundheit, als uns selbst für unser Glück und unsere Vitalität verantwortlich zu sehen. Diese Verschiebung der Verantwortlichkeit führt dazu, daß viele Menschen wegen jedem Muskelschmerz, Husten oder Hautausschlag zum Arzt rennen, statt sich die ganzheitliche Denkweise zu eigen zu machen und sich auf die eigenen inneren Kräfte zu verlassen. Daß Selbsterkenntnis und Selbstkritik ein schmerzlicher Prozeß sein kann, ist eigentlich selbstverständlich. Aber nur so ist eine emotionale Erneuerung auszulösen.

So wie wir akzeptieren, daß negative Gedanken uns krank machen, so wissen wir, daß positives Denken unser Wohlbefinden und Glück steigert und unser Leben verlängert. In den nächsten Jahrzehnten wird die Selbstheilung durch unser Gehirn im Vordergrund stehen und nicht die feierlich verkündeten Errungenschaften der Schulmedizin. Derzeit wird z. B. die Hypnose zur Schmerzbekämpfung nicht nur in der Geburtshilfe und Zahnheilkunde wiederentdeckt. So wie wir uns schmerzfrei denken können, so können wir durch kontrolliertes Denken auch zu grenzenloser Energie und zu einer ausgeglichenen Gemütsverfassung gelangen. Die Wirksamkeit der meisten Medikamente wird auch durch wirkstofffreie Pillen *(Placeboeffekt)* hervorgerufen – also allein dadurch, daß wir mit positiver Vorstellung daran glauben. Da unser Gehirn wirklich jede Funktion des menschlichen Körpers steuert, ist die therapeutische Autosuggestion nicht nur bei funktionellen psychosomatischen Erkrankungen wirksam, sondern auch bei allen organischen.

Seit Einführung des Autogenen Trainings in der Medizin wissen wir, daß wir auch das vegetative Nervensystem und damit die Blutgefäße, die inneren Organe wie Magen, Darm, Harnblase, Geschlechtsorgane bewußt steuern können. Hauttemperatur, Herzschlag, aber auch Migräneanfälle, Magenkrämpfe, Herzrasen lassen sich mit der Kraft unserer konzentrierten Gedanken mühelos beeinflussen. Das Großartigste an dieser Geschichte ist, jeder von uns hat es in der Hand, ob er in negativen, zerstörerischen Vorstellungen schwelgt oder ob er nur positive, lebensbejahende Gedanken zuläßt.

Trotz der immensen Kostenexplosion im Gesundheitswesen sind wir keineswegs gesünder oder glücklicher geworden. Ob wir wollen oder nicht, wir müssen begreifen, daß unsere Gesundheit nicht (nur) mit neuen Apparaten zu erkaufen ist, sondern daß Gesundheit eine geistige Haltung und Folge eines von uns gewählten Lebensstils ist. Wir müssen einfach mehr Vertrauen in die Heilkraft der Natur und unseres Körpers gewinnen.

Ohne daß wir uns Medikamente von außen zuführen, kann unser Körper bei Bedarf Stoffe produzieren, die Schmerzen lindern, Blutungen stillen, Wunden verschließen, gebrochene Knochen wieder zusammenwachsen lassen, bösartige Krebszellen zerstören, Depressionen und Ängste überwinden lassen. Es sind dies Endorphine (von: endogene Morphine), Opioide, Peptide, Serotonin usw. Die junge Wissenschaft der Neuroendokrinologie beschreibt exakt die Wirkung dieser Stoffe, die neue Psychotherapie zeigt uns Wege, wie wir unser Gehirn stimulieren können, damit gezielt bestimmte Stoffe freigesetzt werden. Die heilende Kraft unseres Denkens ist nahezu unbegrenzt. Wir brauchen keine Glückspillen, keine Beruhigungs- und keine Aufputschmittel. Pillen können niemals Probleme lösen. Sie unterdrücken lediglich die Symptome, ohne daß es zu Korrekturen kommt.

Wir alle sind Meister im Schuldverlagern – obwohl wir wissen könnten, daß wir nicht immer unglückliches Opfer äußerer Einflüsse und böser Menschen sind, sondern daß wir der Täter sind, der sich für eine ungesunde Lebensweise entschieden hat. Die Verschiebung der Verantwortung ist das erste, von dem wir uns trennen müssen. In der Verteufelung von Umweltgiften, dem Messen von Strahlen und Gasen, spartanischen Diäten und Fitneßbesessenheit liegt nicht das Heil unserer Zukunft, sondern nur in einer gekonnten Selbstbeeinflussung. Unsere Art zu denken und zu fühlen bedingt unsere Lebenssituation.

Wir wissen, daß unterdrückte Aggressivität und falscher Ehrgeiz zu einem Herzinfarkt führen, Groll, Selbstmitleid, Schuldgefühle zu Hautkrankheiten, Angst und unterdrückte Feindseligkeit zu Magengeschwüren, seelische Niederlagen und unterdrückte Verzweiflung zu Krebs. Genauso wissen wir, daß sich vitale, gesunde, tüchtige Menschen dadurch auszeichnen, daß sie selbstbewußt sind, eine klare Vorstellung von ihrer Identität besitzen und nicht ständig nach der Meinung anderer schielen. Sie sind spontan, gelassen, großzügig, tolerant und verfügen über gute zwischenmenschliche Beziehungen.

Die Ausrede, daß wir uns im Laufe vieler Jahre gewisse Verhaltensweisen angeeignet haben und die nicht so einfach über Bord werfen können, ist zwar richtig, aber wenn wir anders werden möchten, geht das nicht ohne innere Selbsterneuerung. Natürlich tragen unsere Eltern die Verantwortung dafür, welche Gewohnheiten wir durch ihr Vorleben angenommen haben, doch es bringt uns nicht weiter, wenn wir ihnen auch heute noch, wo wir selbst Verantwortung für uns übernommen haben müßten, das vorhalten. Es ist noch nicht zu spät! Mit etwas Geduld können wir auch jetzt noch ein lebensfreundliches Verhalten einüben und unsere Lebensqualität verbessern.

Statt träge herumzuhängen, können wir z. B. mit innerem Engagement Zuneigung, Freundlichkeit, Toleranz und Großmut vermitteln. Statt uns zu langweilen und die Sinnlosigkeit des Lebens zu beklagen, können wir versuchen, jeden Augenblick unseres Lebens mit Sinn und

Zweck zu erfüllen. Nur so können wir die Furcht vor dem Älterwerden und Sterben besiegen: indem wir jeden Tag ein möglichst sinnvolles Leben leben.

Eine sinnvolle Arbeit, die uns Spaß macht, führt uns nicht in den Streß. Das Geheimnis des Glücks liegt in einer Betätigung, die Freude bereitet. Eine sinnvolle Beschäftigung verhindert Depressionen, Ängste, schnelles Altern, Lustlosigkeit, Langeweile.

Viele bedeutende Unternehmen haben begriffen, daß Kreativität nicht durch Konkurrenzverhalten, sondern durch Arbeit in der Gruppe gefördert wird. Aggressives Durchsetzungsvermögen und rücksichtslose Rivalität sind überholt. Nur persönlich befriedigende Arbeit in der Gemeinschaft mit sozialen Kontakten macht uns glücklich. Engagierte, aktive Menschen haben ein gesundes Selbstwertgefühl, weil sie sich als wertvolle Mitglieder der Gemeinschaft fühlen. Sie sind gesünder, werden nicht so leicht arbeitslos, werden selten straffällig, bekommen kaum Geisteskrankheiten, sind meist gute Ehemänner und Väter.

Wir empfinden unsere Arbeit nur als angenehm, wenn wir für einen sinnvollen Wechsel zwischen Anstrengung und Ruhe sorgen, wenn wir uns nicht verzetteln, sondern uns immer nur auf das nächstliegende Ziel konzentrieren, statt uns durch eine neurotische Nabelschau zu belasten. Wichtig ist, daß wir Interessen außerhalb unserer eigenen Person fördern und nicht ständig an unseren unmittelbaren Nutzen denken. Und noch wichtiger ist es, daß wir uns realistische Ziele setzen und uns nicht ständig von einem überzogenen Ehrgeiz anpeitschen lassen. So können wir z. B. auch wieder lernen, uns über die Rätsel des Lebens zu wundern. Gegen Trägheit und Gleichgültigkeit können wir mit Wahrheit angehen. Begeisterung, leidenschaftliche Interessiertheit und intensives Leben sind das Geheimnis von Glück und Wohlbefinden.

Viele hochmotivierte Menschen arbeiten – als Ersatz für Leben – eindeutig zu viel. Einem Süchtigen gleich werden sie zu Workaholics und ruinieren ihre Gesundheit. Diesen muß man dringend zu mehr Gelassenheit raten und ihnen klarmachen, daß sie ihre Ziele leichter erreichen, wenn Sie sie entspannter, freundlicher, lockerer, geduldiger angehen. Wir müssen in vieler Hinsicht von den östlichen Ländern lernen, abzuwarten und die Dinge geschehen zu lassen.

Etwas mehr Gleichmut erreichen wir, wenn wir nach Belastungen genügend lange Ruhepausen einlegen. Der gesetzliche Jahresurlaub und das Angebot der Tourismusindustrie verleiten uns zum zwei- oder dreiwöchigen Pauschalurlaub. Biologisch viel sinnvoller statt teurer Fernreisen ist es jedoch, drei- bis viermal im Jahr 8–10 Tage Urlaub zu machen.

Da uns internationale Nachrichtenagenturen über die Medien heute ständig mit den Sorgen der ganzen Welt konfrontieren, sind unsere Anspannung, unsere Erregung und damit unsere Ängste ständig präsent. Eine wichtige Gegensteuerung sind deshalb alle Formen der Entspannung.

Da wir nicht nur über die Psyche den Körper beeinflussen können, sondern auch über den Körper die Seele, bringt uns eine regelmäßige Muskelentspannung auch mehr inneren Seelenfrieden. Eine Möglichkeit der Muskelentspannung und damit der Entspannung allgemein ist körperliche Bewegung im Freien, ob das nun Gartenarbeit oder Tennis, Jogging, Walking (strammes Spazierengehen), Fahrradfahren oder Schwimmen ist. Eine sehr gute, leicht zu erlernende Form der Entspannung habe ich in Kapitel 4 eingehend beschrieben.

Auch warme Bäder, eine sanfte Streichmassage, ein Schaukelstuhl, besänftigende Musik können eine ideale Entspannung herbeiführen. Oft genügt es auch, sich auf etwas von Natur aus Friedliches zu konzentrieren, etwa eine Blume, eine Flamme oder einen Fisch im Aquarium. Bei der progressiven Muskelrelaxation nach Jakobsen bringen wir, von den Füßen bis zum Kopf, nacheinander die einzelnen Muskelgruppen zur Entspannung.

Beim Autogenen Training lassen wir Körperteile warm und schwer werden, dirigieren Atmung und Herzschlag. In der Oberstufe des AT versetzen wir uns durch Imagination entspannt in eine saftige Blumenwiese, an einen friedlich strömenden Fluß oder an den warmen Meeresstrand.

Wir haben es selbst in der Hand, ob wir uns durch sorgenvolle Gedanken niedermachen lassen oder ob wir die Ursache für unsere Sorgen beseitigen, ob wir unter Minderwertigkeitsgefühlen leiden und ständig nach der Meinung der anderen schielen oder ob wir in uns ein gesundes Selbstvertrauen und Selbstwertgefühl aufbauen. Schüchternheit und Hemmungen (z. B. vor Fremden zu sprechen) verursachen in uns einen ständigen Streß, weil wir immer einen Kampf führen, den anderen beweisen zu müssen, daß wir doch wertvoll und liebenswert sind. Auch wenn sich Selbstsicherheit und Selbständigkeit schon im frühen Kindesalter zu erkennen geben, so heißt das nicht, daß wir später als Erwachsene keinen Einfluß mehr darauf hätten. Eine gesunde geistige Einstellung und damit die Fähigkeit, Streß zu ertragen, können wir lernen. Wir brauchen nicht länger wehrlose Opfer des Schicksals zu sein, wir selbst können die Regeln für unser Leben aufstellen.

Nur wenn wir lernen, die volle persönliche Verantwortung für unser Handeln zu übernehmen, können wir Selbstvertrauen erwerben. Allzugerne geben wir anderen die Schuld für unser Versagen. Weil Chef und Mitarbeiter uns schikanieren, kommen wir beruflich nicht weiter; weil wir gute Futterverwerter sind, werden wir zu dick; weil der Arzt gepfuscht hat, sind wir nicht ganz gesund; weil der Staat uns nicht besser schützt, fühlen wir uns bedroht; weil wir Geld verdienen müssen, können wir uns nicht verwirklichen. So etwa sieht die endlose Kette unserer Entschuldigungen aus.

Doch um selbstbewußt zu werden, müssen wir ein klares Gefühl für unser Selbst entwickeln. Um Individualität zu erreichen, müssen wir lernen, unsere eigenen unabhängigen Entscheidungen zu treffen, ohne uns von den Meinungen anderer beeinflussen zu lassen. Je ehrlicher wir zu uns selbst sind, je klarer wir unsere Meinung formulieren, um so besser für uns. Harmonie ist nicht das Wichtigste im Leben. Eine eigene Meinung zu vertreten, selbst auf die Gefahr einer streitigen Konfrontation hin, ist allemal besser, als den Mund zu halten und zu nicken.

Wir müssen aufhören, den Erwartungen unserer Eltern, Nachbarn, Freunde zu entsprechen. Wir müssen in uns hineinlauschen und sehen, was unsere Wahrheit ist, statt uns eine Rolle von anderen aufzwängen zu lassen. Je mehr wir schauspielen und den Mutigen, Tollen, Unfehlbaren, Schönsten und Größten darstellen wollen, um so mehr nutzlose Energie verbrauchen wir für diese Kraftanstrengung. Dabei ist es doch so einfach, wir selbst zu sein, uns so zu geben, wie wir wirklich sind. Es schadet uns keineswegs, wenn wir unsere Schwächen und Ängste zugeben, im Gegenteil. Haben wir nur den Mut, uns eigene Normen zu setzen und ein selbstbestimmtes Leben zu führen. Lernen wir, mit dem zu leben, was wir haben, anstatt uns von Hilfe von außen abhängig zu machen.

Nur wenn wir uns realistische Ziele setzen, die wir auch erreichen können, statt uns in größenwahnsinnige Phantastereien zu versteigen, können wir langfristig Selbstvertrauen gewinnen. Wenn wir ständig unerfüllbaren Wünschen nachjagen, werden wir mutlos und ängstlich. Wir fühlen uns insgesamt glücklicher und gesünder, wenn wir die Lage unter Kontrolle haben.

So wie alle anderen Fähigkeiten und Erfahrungen kann man Selbstvertrauen nur durch die Praxis lernen. Schüchternheit können wir nicht überwinden, wenn wir uns isolieren, sondern indem wir unter Menschen gehen und mit ihnen reden. Angst nimmt in gleichem Maße ab, wie die positive Erfahrung wächst.

Nicht morgen oder übermorgen können wir uns ändern. Jetzt sofort können wir beginnen. Wir können jetzt aufstehen, aus dem Haus gehen, all unseren Mut zusammennehmen und so handeln, als wären wir zuversichtlich und selbstsicher. Das ist ein sehr wirkungsvoller, unmittelbarer und einfacher Weg. Wenn wir ihn gehen, wird schon bald der Schein zur Wirklichkeit. Die Macht dieser «Handeln-als-ob»-Methode ist gewaltig. Sobald wir ruhiger, tiefer, langsamer atmen, wird unsere Angst kleiner. Sobald wir unsere Muskeln entspannen, spüren wir weniger Wut und Haß in uns. Und wenn wir lächeln, wird unsere Hilflosigkeit geringer.

Das Ich der Zukunft ist weniger als früher eine kultivierte Identität in uns, es ist vielmehr ein in vielfältige Sozialkontakte und Beziehungen eingebundenes Selbst. Die isolierende Individualität wird abgelöst durch kooperative und integrative Formen des Zusammenlebens in einer «sozialgesättigten Welt» (Gergen). Die wachsende Zahl von intensiven Kontakten zu unseren Mitmenschen bestimmt unser Leben. Wie in einem Netzwerk sind wir in die Vielfalt der kulturellen Sinn-Systeme eingebaut. Wer glaubt, Sinn allein aus seinem Inneren schöpfen zu können, der gerät sehr schnell in die Isolation.

Der Satz «Niemand ist eine Insel, niemand ist für sich allein» wird von uns allen akzeptiert. Einsamkeit ist eine wesentliche Ursache für viele Erkrankungen. Wer sich aus emotionalen Bindungen zurückzieht und seine Gefühle verbirgt, wird gemäß vieler Untersuchungen anfällig für Herzkrankheiten und Krebs. Wer ein distanziertes, unbefriedigendes Verhältnis zu seinen Eltern hatte, ist bei Verlusten aller Art im späteren Leben verletzbarer, weil er eine größere Bindungsangst und für starke gefühlsmäßige Belastungen kein Ventil hat. Freundschaften sind deshalb unentbehrlich für unsere Gesundheit und unser Glück. Nicht am Fernsehen, sondern in einem freundschaftlichen Gespräch erfahren wir die Tiefe unserer Gefühle. Ab sofort sollten wir uns vornehmen, uns mehr an gemeinschaftlichen Aktivitäten zu beteiligen. Doch wie können wir Trennung und Isolation entgehen, wie können wir Vereinigung und Geselligkeit erreichen?

Ganz einfach: indem wir auf andere zugehen, uns ihnen mit Interesse zuwenden, uns nach ihren Sorgen erkundigen. Auch der Mensch, dem wir begegnen, hat ein Bedürfnis nach Liebe und Zuwendung. Indem wir herzliche Beziehungen aufbauen, befriedigen wir diese Grundbedürfnisse und erhalten die Zuneigung verstärkt zurück. Doch zuerst müssen wir uns selbst mögen, müssen uns in uns selbst wohlfühlen, um andere lieben zu können.

Ganz besonders sollten wir uns um Menschen bemühen, die nicht so ganz unsere Kragenweite sind, um Menschen, die es nicht so gut mit uns meinen. Sind wir gegenüber diesen unguten Typen nicht in der Lage zu verzeihen, großzügig, großmütig und tolerant zu sein, dann bleiben Wut, Ärger, Haß in uns und provozieren psychosomatische Beschwerden.

Nehmen wir uns vor, täglich mit einem Fremden zu sprechen. Irgendwann ist eine Person dabei, mit der wir uns anfreunden können. Der Anfang besteht ganz einfach darin, daß wir unsere Scheu und unsere Hemmungen überwinden und auf andere zugehen müssen. Gelassen müssen wir ertragen, daß wir ab und zu auch einmal abgewiesen werden und einen Korb bekommen. Durch regelmäßige persönliche Kontakte, durch Verabredungen, durch den Besuch von Veranstaltungen, gemeinsames Essen, Besuch von Parties, Familientreffen, Telefonate, Briefe können wir bestehende Freundschaften pflegen. Freundschaften sind Leben, Freundschaften erhalten unsere Gesundheit und tragen zu unserem Glück bei. Und *wir* sind es, die zuerst Sympathie, Freundlichkeit und Hilfsbereitschaft vermitteln müssen.

Das gelingt am ehesten, wenn wir versuchen, uns ganz in die Person des anderen zu versetzen. Die Goldene Regel, die schon in allen großen Religionen verankert ist, lautet: Behandle die Menschen so, wie du möchtest, daß sie dich behandeln.

Auch wenn es uns ständig juckt, die Untugenden unserer Mitmenschen zu kritisieren, so wissen wir von der Verhaltenspsychologie, daß Lob uns weitaus mehr motiviert, Dinge in Zukunft besser zu machen, als ständig nörgelnder Tadel. Wir erinnern uns: Das Beschäftigen mit den Fehlern anderer Leute ist psychologisch als Abwehrmechanismus und zwar als eine sogenannte Projektion zu sehen, bei der wir Fehler unbewußt auf andere übertragen, die wir bei uns nicht wahrhaben wollen. Würden wir uns die Mühe machen, die Hintergründe für das ungute Verhalten der anderen zu beleuchten, dann könnten wir sie eher verstehen und ihnen auch verzeihen.

Der moderne Mensch hat mehr und mehr das wichtigste Mittel nonverbaler Kommunikation, die körperliche Berührung, verlernt und tabuisiert. Wir können aber bewußt körperliche Nähe durch Berühren, Umarmen, Streicheln herstellen. Dadurch signalisieren wir Anerkennung, Mitgefühl, Hilfsbereitschaft, Liebe. Durch Streicheln lassen sich nicht nur Haustiere beruhigen, die körperliche Zuwendung erzeugt bei uns Menschen Harmonie, eine Normalisierung der Herzfrequenz, allgemein die heilsame Wirkung der Liebe.

Mit Optimisten umzugehen ist angenehmer als der Umgang mit miesepeterischen Nörglern. Nur wenn wir vertrauensvoll und zuversichtlich nach vorne blicken, fühlen wir uns seelisch und körperlich optimal gesund. Wenn wir Erfolg haben möchten, müssen wir ihn in unseren Zukunftsvisionen vorwegnehmen. Im Alten Testament sagt König Salomon: «Wie ein Mensch denkt in seinem Herzen, so ist er.» Lassen wir uns deshalb nicht von trüben Gedanken überrennen, sondern gestalten wir unsere Zukunft kraftvoll, lebendig, vertrauensvoll. Glücklichsein ist weniger eine Reaktion auf äußere Ereignisse als eine Geisteshaltung. Und eine optimistische Lebenseinstellung führt automatisch zu einer körperlichen und seelischen Gesundheit.

Der erste Schritt in die richtige Richtung ist immer, die Verantwortung für unser Leben zu übernehmen, statt widrige Zustände und böse Menschen für unser Unglück verantwortlich zu machen. Niemand ist ein geborener Pessimist. Jeder kann lernen, auch weniger schönen Ereignissen etwas Positives abzugewinnen. Sicher ist es manchmal schwer, die negativen, pessimistischen Gedanken aus unserem Geist zu vertreiben. Eine gute Hilfe dabei ist, wenn wir unsere Gedanken durch Taten ersetzen. Es ist, wie ein Sprichwort sagt, besser, ein kleines Licht anzuzünden, als die Dunkelheit zu verfluchen.

Wenn wir mit Fröhlichkeit unsere Aufgaben bewältigen, werden wir automatisch fröhlich. Wir brauchen kein schlechtes Gewissen zu haben, wenn wir uns dem Vergnügen und der Lust hingeben, wie uns das die Religion manchmal einreden will. Wir sollten ruhig einmal etwas häufiger lachen, und es schadet auch nicht, wenn wir etwas weniger verbissen arbeiten und stattdessen etwas ausgelassener spielen.

Doch da jeder gerne glücklicher sein möchte, fragen sich viele, wie man sich als von Kind auf eher depressiver Pessimist in einen fröhlichen Optimisten verwandeln kann. Dazu ist es notwendig, daß wir uns in einem aktiven, geschäftigen Leben mit einer sinnvollen, produktiven Arbeit beschäftigen und daß wir genügend Zeit für gesellschaftliche Aktivitäten haben. Das Streben nach Glück und Lust muß zu unserer fundamentalen Beschäftigung werden. Wir sollten keine Gelegenheit verstreichen lassen, freundlich zu lächeln.

Lächeln verschönt jedes Gesicht, und ist eine frappierend einfache Methode, Freunde zu gewinnen. Da sich jede Stimmung verstärkt, wenn man sie mit anderen teilt, ist es wichtig, daß wir uns die richtige Gesellschaft suchen. Traurige, mißtrauische Menschen ziehen uns automatisch runter, lustige, unbeschwerte stecken uns mit ihrer Fröhlichkeit an. Befreien wir uns regelmäßig von unseren ernsten Pflichten, weichen wir verbiesterten Gemütern aus, und greifen wir besonders in schwierigen Zeiten zur Medizin des Lächelns und der Freundlichkeit. Wir sollten aufrichtig an uns arbeiten, die uns angeborene Gabe des Glücklichseins wieder zu entwickeln. Dazu ist es auch wichtig, daß wir uns nicht verkrampft hinter einer Maske verstecken, sondern uns so zeigen, wie wir wirklich sind, eventuell auch in unseren Schwächen und Unzulänglichkeiten.

Versuchen wir auch einmal, mit dem zufrieden zu sein, was wir haben und was wir sind. Denn unser unersättliches Verlangen nach mehr ist die Quelle für Unzufriedenheit, für Frustration, Rivalität und Neid. Wir können uns auch in unserer heutigen Wohlstandsgesellschaft von dem Gedanken befreien, Menschen nach ihren materiellen Gütern zu beurteilen, nach dem, was sie haben, statt nach dem, was sie sind. Je mehr wir besitzen, um so mehr müssen wir uns sorgen, um so leichter geraten wir in Streß. Der Luxus von heute wird zur Notwendigkeit von morgen. Schon unsere Kinder haben sehr schnell den Punkt der Übersättigung erreicht. Multimillionäre, die sich jedes vorstellbare menschliche Bedürfnis erfüllen können, grübeln nur darüber nach, wie sie ihr Geld weiter vermehren können.

Ab und zu sollten wir uns überlegen, was wir alles ohne den äußeren Ballast tun können. Wir sollten, wenigstens zeitweise, auf ganz einfache Art, ohne irdische Güter, versuchen, unsere Seele zu erneuern. Dazu ist es notwendig, im Einklang mit der Natur zu leben. Und so wie wir lernen, Regen, Schnee, Glatteis, Dunkelheit zu akzeptieren, so können wir auch ungute Charaktereigenschaften unserer Mitmenschen lernen hinzunehmen, ohne ständig dagegen anzumotzen.

Ob wir uns der engen, intakten Beziehungen der Naturvölker zur Natur bewußt werden, uns Albert Schweitzers «Ehrfurcht vor dem Leben» oder Sigmund Freuds «Ozeanisches Gefühl» vor Augen führen, wir sollten uns ermutigen lassen, näher an der Natur und damit zufriedener zu leben. Doch zur Zufriedenheit müssen wir uns in Geduld üben. Wir müssen nicht immer alles direkt und sofort bekommen, wie das ein kleines Kind immer erwartet. Wir können lernen, Dinge, die wir jetzt nicht ändern können, geschehen zu lassen.

Dem so häufig beklagten Zeitmangel können wir wirksam begegnen, indem wir uns bemühen, kürzer zu treten. Wir können unseren Terminplan so gestalten, daß genügend Pausen zum Nachdenken da sind. Wir sind nicht ganz so wichtig, wie wir gerne glauben. Wenn wir krank oder tot sind, dreht sich die Erde auch weiter. Nehmen wir uns doch die Zeit, freundlich zu sein, zu träumen und zu lieben – und zwar hier und jetzt in der Gegenwart, statt über die Vergangenheit zu jammern und uns um die Zukunft zu sorgen.

Je einfacher und bescheidener wir leben, um so weniger Unzufriedenheit hinterlassen unsere unerfüllten Wünsche. Jeden Tag sollten wir uns klar machen, daß wir Gegebenheiten und Situationen immer in zwei Gruppen ordnen müssen: hier die Dinge, die wir derzeit nicht ändern können, die wir einfach hinnehmen und ertragen müssen, dort die viel größere Gruppe von Problemen, die wir ändern können und zu deren Bewältigung wir unsere ganze Kraft einsetzen müssen.

Kapitel 14

Aus der Abhängigkeit zur Selbstverantwortung

Angst oder Wohlbefinden entsteht immer aus der Erinnerung. Alles Erlebte seit der frühesten Kinderzeit ist in unseren Gehirnzellen gespeichert und liefert das Ausgangsmaterial für unsere jetzige Befindlichkeit. Ohne negative Erfahrungen hätten wir keine Furcht.

Um schwerwiegende, dramatische Erlebnisse zu überleben, ist unser Gehirn so veranlagt, daß es besonders Unangenehmes, Peinliches, Unanständiges relativ schnell verdrängt. Verbotene Wünsche gelangen oft gar nicht an die Oberfläche, werden gar nicht als solche wahrgenommen. In der Versenkung geben diese Impulse jedoch keine Ruhe, sie rumoren aus dem Verborgenen heraus und sind Ursache für unsere Entscheidungen, Handlungen, Befürchtungen, aber auch für viele psychosomatische Erkrankungen. Diese in unserem Unterbewußtsein tickenden Zeitbomben gilt es zu entschärfen.

Wir sind durchaus in der Lage, die verdrängten Triebkräfte aus der Versenkung herauszuholen, vorausgesetzt, wir sind guten Willens und bereit, uns zu öffnen und uns dem Schmerz zu stellen. Denn fast immer sind es schmerzhafte Erfahrungen, die wir verdrängt haben. So fest verschlossen im Keller ist das Unbewußte auch wieder nicht, als daß wir nicht mehr daran könnten. So steigt es in unseren Träumen z. B. Nacht für Nacht empor und versucht, sich uns mitzuteilen. Wenn wir uns klarmachen, daß das Verdrängen im Prinzip ein Versuch der Selbstheilung ist, wird noch einmal deutlich, daß wir ständig dem Leiden, dem Schmerz, der Kränkung, den Konflikten ausweichen wollen. Immer wieder wählen wir diesen Weg der Flucht, obwohl wir wissen könnten, daß wir in Wirklichkeit den schmerzlichen Erfahrungen nie entfliehen können, sondern sie aushalten müssen. Jeder Fluchtversuch beschert uns neue Leiden. Nur indem wir uns unserem Schmerz, unserem Leid, unserem Frust stellen, diese Gefühle als Teil von uns akzeptieren, haben wir eine Chance, sie irgendwann auszulöschen.

Stellen wir also in uns die Bereitschaft her, der Angst und dem Schmerz zu begegnen. Statt diese Gefühle mit den Händen wegzustoßen, können wir die Arme öffnen und uns sagen: Komm her, Angst, komm in meine Arme, du bist ein Teil von mir. Wir können Probleme und Unannehmlichkeiten annehmen, statt uns vor ihnen zu drücken.

Je restriktiver unsere Erziehung war, je strenger die Wertmaßstäbe und Moralvorschriften waren, die uns gegängelt haben, um so mehr und nachhaltiger mußten wir Lebensäußerungen und Gelüste ins Unbewußte verdrängen. Deshalb müssen wir jetzt, wo wir zu dem schwer zugänglichen Erinnerungsbereich vordringen wollen, unsere Moral- und Wertvorstellungen überprüfen und gegebenenfalls revidieren. Sonst bleibt unser Handeln weiter fremdbestimmt, das Rumoren der verinnerlichten Impulse aus unserem Unbewußten beeinflußt jede kleine Routinehandlung und macht uns unsicher.

Aus Unwissen beginnen die Eltern – meist die Mutter – schon in den ersten Monaten nach der Geburt, dem Säugling und später dem Kleinkind ihre eigenen Probleme und Ängste einzuimpfen – natürlich ohne bösen Willen, einfach weil sie selbst auch keine angenehmere Erziehung erfuhren. Automatisch werden Lohn und Strafe, «Zuckerbrot und Peitsche», Anerkennung und Versagen eingesetzt, und so werden dem Kind schon sehr früh eigene Regungen blockiert. Das Kind entwickelt automatisch Haß, den es aber sofort verdrängen muß, um sich nicht der Strafe durch die bedrohliche Mutter auszusetzen. Früh wird dem Kind beigebracht, daß es seine Eltern zu lieben habe, und so verschwindet der Haß über die Ohnmacht immer weiter in der Versenkung.

Einer der wichtigsten Schritte bei der Selbstanalyse ist, daß wir endlich aufhören, unsere Eltern zu idealisieren, und vielmehr die Gefühle in uns ergründen, die wir als kleines Kind für sie empfanden. Jeder Mensch hat gute und schlechte Eigenschaften. Von Menschen, die wir lieben, haben wir oft die unangenehmen Charaktereigenschaften verdrängt, weil deren Zulassen und Aussprechen einen unerlaubten Sieg über das bedrohliche, dominierende Elternbild darstellen würde.

Lassen wir uns viel Zeit für diesen Schritt. Es geht nicht darum, unseren Eltern die Schuld für unsere Misere zu geben; es geht darum, daß wir eigenverantwortlich die historische Wahrheit aufdecken. In je höherem Maße wir die Wirklichkeit zulassen, können wir unsere üblichen Fluchtwege und Ausflüchte erkennen. Nur so können wir unsere frühen Schmerzen, unsere in unserem Unbewußten versenkten Defekte aufsteigen lassen und sie unserer bewußten Welt zuführen. Setzen wir uns immer wieder während unserer täglichen Entspannungsübung mit diesem Problem auseinander.

Unsere sichtbaren Lebensäußerungen stimmen selten mit unseren eigentlichen Bedürfnissen überein. Man hat uns so dressiert, daß wir erwartungsgemäß unermüdlich versuchen, unsere Pflicht zu erfüllen. Da uns das oft nicht gelingt, fühlen wir uns schuldig und bekommen ein schlechtes Gewissen.

Durch unsere Konditionierung haben wir die Gelassenheit des Tieres verlernt. Die Vorstellung einer kontrollierenden Instanz begleitet uns ein ganzes Leben. Auch aus dieser uns krank machenden Einstellung müssen wir uns befreien. Wir müssen unsere natürlichen Bedürfnisse erkennen, wir dürfen uns die Freiheit nehmen, uns auch einmal treiben zu lassen. Der Mensch ist das einzige Lebewesen, das die Arbeit erfunden hat. Hören wir auf, uns in die eigene Tasche zu lügen und Gegebenheiten zu beschönigen. Rebellieren wir gegen die unnatürlichen Lebensbedingungen um uns herum.

Oft glauben wir, wir handelten impulsiv. In Wirklichkeit läuft in uns eine innere Zensur gemäß den uns eingeimpften Wertvorstellungen ab. An unseren Tabus, z. B. im sexuellen Bereich, können wir sehen, wie sehr wir manipuliert werden. Es ist deshalb für uns wichtig, die Wertmaßstäbe und Konventionen der Gesellschaft zu durchschauen, diese gegebenenfalls abzulehnen, um uns nach unseren eigenen natürlichen Bedürfnissen zu richten. Wir brauchen nicht lebenslang Untertan bestimmter Machtstrukturen zu bleiben. Tun wir doch das, was wir wirklich gernhaben und nicht das, von dem wir glauben, wir hätten es gern, nur weil man uns so konditioniert hat. Wir müssen nun einmal akzeptieren, daß sich oft nicht der Ehrliche und Humane, sondern der Gerissene, Korrupte durchsetzt und Macht in Politik und Wirtschaft erhält.

Je mehr wir uns aus den gesellschaftlichen Zwängen, Einschränkungen, Tabus befreien, um so mehr können wir das Unbewußte an die Oberfläche dringen lassen. Haben wir keine Angst vor der Wirklichkeit, vor dem Schmerz und den Wunden in unserer Seele. Lassen wir unsere ureigenen Triebkräfte nicht von anderen blokkieren, lassen wir das lange Zurückgehaltene hervorströmen.

Dies können wir jedoch nicht einfach so während unseres normalen Tagesablaufs. Begeben wir uns immer wieder in die Entspannungssituation, und lassen wir uns in den leeren Raum entschweben.

Halten Sie die Stille und das Alleinsein mit sich aus, und geben Sie nicht dem Wunsch nach, etwas Ablenkendes zu unternehmen. Diese Leere müssen wir ertragen, wenn wir unser Innenleben erforschen wollen. Daß uns Fluchtgedanken kommen, wenn wir in uns, wo wir Unvergängliches, unsere Persönlichkeit, unsere Seele vermuten, ein Loch aus Nichts entdecken, ist eigentlich selbstverständlich. Da unser Kopf ständig voll ist von Ideen, Befürchtungen, Gedanken, die ihre Ursache in der Gehirnwäsche unserer Kindheit haben, können wir den immensen schöpferischen Freiraum in uns nicht nutzen.

Wenn wir uns ständig nach außen abschirmen, um ja nicht verletzt zu werden, verschließen wir uns dem Leben. Wir vegetieren dann wie im Nebel, halbbewußt, und unterdrücken unsere Gefühle. Dem ewigen Kreislauf von Kummer und Leid, den sich im Kreis drehenden hoffnungslosen Bildern können wir nur entgehen, wenn wir das tief in unserem Innern sitzende Wissen um unsere Existenz nach außen lassen, wenn wir unserer Intuition mehr vertrauen als den uns aufoktroyierten Meinungen anderer. Je mehr wir auf unsere inneren Regungen lauschen, um so mehr werden sie an Intensität zunehmen.

Die Ausbildung von Gewohnheiten, guten und schlechten, geschieht an den Schaltstellen zwischen den Nervenzellen, den Synapsen in unserem Gehirn. Unser Denken bedient sich immer dieser eingefahrenen Gleise, Deshalb ist es so schwierig, eingefahrene Gewohnheiten, Süchte, Abhängigkeiten abzulegen. Wichtig für unsere Arbeit an uns selbst ist die Tatsache, daß keine dieser Programmierungen ein für allemal feststeht und damit unser Schicksal besiegelt wäre. Unser Gehirn kann diese Schaltschemata neu herstellen, verändern, verstärken und wieder abbauen. Dazu brauchen wir nicht unser bisheriges Denken zu bekämpfen. Es genügt, wenn wir seine raffinierten Tricks durchschauen. Eindeutig nicht genügt, wenn wir unserem in der Tiefe brodelnden Denken allein mit Meditieren beizukommen versuchen. Wir müssen uns darüber im klaren sein, daß wir unser Denken nie ganz abstellen können und daß Denken ein Vorgang ist, der sich immer wieder verselbständigt und sich unserer persönlichen Aufzeichnungen in unserem Kopf bedient, z. B. all unserer Prägungen, unseres Wissens, unserer Wertvorstellungen, unserer Erfahrungen, unserer Kränkungen und Wünsche.

Es ist schwierig, uns selbst beim Denken zu beobachten, weil die Gedanken oft stocken, sobald wir genau hinsehen. Bewältigen können wir dieses Problem, wenn wir uns sehr wach für alle Vorgänge um uns herum interessieren, nichts ausklammern, nichts favorisieren, nichts verdrängen. Diese interessierte Aufmerksamkeit, die unser Gehirn ganz fordert, nimmt schließlich nach einiger Übung auch unser Denken wahr. Aber diese Aufmerksamkeit können wir nicht erzwingen; sie stellt sich zwanglos ein, wenn wir kein Verlangen verspüren. Hören wir also auch hier auf, krampfhaft zu kämpfen. Was wichtig ist, ereignet sich von selbst.

Und grübeln wir nicht schon während eines schönen Gefühls, eines Genusses über die Möglichkeit der Wiederholung desselben nach. Gerade hierdurch entsteht Langeweile, indem wir uns bemühen, die gerade vergangenen Vergnügungen zu wiederholen. Und hören wir auf, uns ständig neue Dinge zu wünschen. Die meisten schönen Erlebnisse hält das Leben für uns bereit, ohne daß wir darum kämpfen müssen. Lernen wir loszulassen, nicht nur Menschen, sondern auch Dinge. Wir können auf eine Sache verzichten, wenn sie erledigt ist oder jetzt nicht zu erledigen ist, und erfahren dadurch ein Gefühl tiefer Befreiung. Verzichtenkönnen ist auch Genuß.

Wir lernen zu begreifen, daß wir mit all unserem Wissen sehr wenig Einfluß auf unser Gehirn haben. Das brauchen wir auch nicht, weil unsere geistige Potenz in uns so groß ist, daß wir vieles automatisch richtig machen. Richtig machen würden, wenn – ja wenn nicht dieser mühselige Erziehungsprozeß unsere natürlichen Gaben und Fähigkeiten niedergeknüppelt hätte, so daß unsere Seele ein Bewußtsein entwickelt hat, durch dessen Einfluß sie in ständiger Flucht vor der eigenen Realität ist. Was wir brauchen, ist ein wirkliches Vertrauen in uns ohne übertriebenes Selbstbewußtsein. Das Gefühl, wie man richtig handelt, ruht in uns, wir müssen Entscheidungen nicht immer umständlich ergrübeln. Wir müssen nur intuitiv, spontan handeln, ohne anderen Menschen ein Werturteil zu erlauben. Statt ständig nach etwas zu streben und zu kämpfen, können wir uns dem Strom der Ereignisse anvertrauen. Statt mit unserem anerzogenen Pflichtbewußtsein so zu handeln, wie die anderen das von uns erwarten, dürfen wir uns unsere Kleinheit und Machtlosigkeit eingestehen.

Auf der Suche nach schnellen Lösungen mogeln wir uns mit unserer Phantasie gerne am echten Leben vorbei. Statt uns die direkte Wirklichkeit in Ruhe anzusehen, rackern wir uns bis zur Erschöpfung ab. Bleiben wir doch einfach einmal stehen und verzichten auf die vielen Aktionen. Vertrauen wir ganz einfach auf die schöpferische Heilkraft unseres Geistes. Wenn die Tür sich öffnet, sagen die Taoisten, dann gehen Sie hindurch.

Hektische Aktionen erzeugen nur unnötigen Widerstand. Die Fähigkeit zum intuitiven Verstehen ist eine Gratisgabe unseres Unbewußten. Schließlich ruht in uns der Schatz des Wissens von Millionen Jahren Menschheitsgeschichte. Das einzige, was wir dazu beisteuern müssen, ist, uns mit Aufmerksamkeit und Interesse den scheinbar so belanglosen Gegebenheiten an unserem Wegesrand zu widmen, statt gelangweilt wegzuschauen.

Statt uns von quälenden Gedanken tyrannisieren zu lassen, können wir die unmittelbare Wahrnehmung unserer Sinne trainieren, z. B. indem wir auf unserem nächsten Spaziergang die Schönheiten der Natur genießen. Wir können uns frei und offen machen für das Erleben. Nur wenn unser Geist zur Ruhe kommt, gewinnt er die Kraft des unmittelbaren Blicks auf die Realität. Statt vor der Wirklichkeit zu fliehen, können wir sie hautnah in der Mitte unseres Lebensstroms erleben. Das A und O unserer Veränderung heißt also, uns frei zu machen von allen Abhängigkeiten, selbst die Verantwortung für unser Leben zu übernehmen, nicht länger uns als fremdbestimmter Untertan unser Leben von vagen Illusionen und Ideen bestimmen zu lassen.

Stellen wir uns den unbequemen Wahrheiten, und lassen wir in Ruhe und Gleichmut geschehen, was wir nicht ändern können. Das ist keineswegs eine Kapitulation vor dem Unvermeidlichen, denn auf der anderen Seite ist unser Einflußbereich sehr viel größer, als wir glauben. Vertrauen wir mehr den Impulsen aus unserer Tiefe, auf die Weisheit unseres Organismus, als unserem Verstand. Und betrachten wir die Dinge ganz sorgfältig, statt sie zu bewerten.

Kapitel 15

Kreative Imagination zur Steigerung des Selbstwertgefühls

Jeder hat in unserem Kulturkreis die Möglichkeit, seine Intelligenz optimal zu fördern. Größere Probleme haben wir dagegen – wie schon mehrfach besprochen – mit der zweiten, sehr wichtigen Funktion unseres Gehirns: der Imagination, unserer Vorstellungskraft. Imagination ist gebunden an subjektive Gefühle wie Liebe, Güte, Zuneigung usw., Imagination beinhaltet unsere Träume und Hoffnungen, unsere Wünsche, unsere Kreativität. Neben der Bemühung um die Steigerung unserer Intelligenz muß es deshalb unser Hauptanliegen sein, die imaginativen Funktionen unseres Gehirns weiterzuentwickeln. Hierdurch erreichen wir ein größeres Selbstwertgefühl, eine bessere menschliche Kommunikation, eine Steigerung unserer kreativen und allgemein unserer psychischen Kraft.

Ich habe schon mehrmals darauf hingewiesen, daß für unser allgemeines Wohlbefinden viel weniger Logik, Intelligenz und reale Gegebenheiten verantwortlich sind als unsere geistige Einstellung. Erst durch Einbeziehung unserer kreativen Imagination können wir unser Gehirn optimal nutzen. Gerade in der Beeinflussung der unbewußten Aktivitäten unseres Geistes – z. B. Gedächtnis, Erinnern, Träume – liegt die große Chance unserer Vorstellungskraft. Diese Vorstellung, als ob unsere Gedanken Realität wären, kann positive, konstruktive, aber natürlich auch negative, unproduktive, uns schädigende

Gedanken hervorrufen. Wenn wir uns Sorgen machen und in unserer Vorstellung so reagieren, als wären die befürchteten Ereignisse bereits eingetreten, denken wir destruktiv, zerstörerisch und nehmen uns viel von unserer Lebensqualität. Uns geht es aber jetzt gerade darum, die positive Seite unserer Vorstellungsmöglichkeit zu fördern.

Mit der Kraft unserer Gedanken können wir uns eine neue, bessere Realität erschaffen. Wir kennen die sich selbst erfüllenden Prophezeiungen, wir wissen um die mentale Beeinflussung unseres Immunsystems und damit um die Selbstheilung von Krankheiten. Da unsere Gedanken unseren Erfolg oder Mißerfolg bestimmen, ist es wichtig, daß wir die Strategien erlernen – z. B. mentale, selbsthypnotische Übungen –, die unsere positiven Gedanken, unsere «Power-Gedanken» (Araoz) fördern.

Deshalb sollten wir bereits negative Selbstgespräche wie *«Ich bin blöd»* oder *«Ich bin dumm»* vermeiden, da durch diese negativen Botschaften an unser Stammhirn dort chemische Substanzen freigesetzt werden, die diesen Gedanken entsprechen. Ersetzen wir also negative Bewertungen wie *«Ich bin erschöpft»* und *«Ich werde das nie schaffen»* durch positive Gedanken wie *«Ich habe viel Energiereserven in mir»* oder *«Ich werde diese Situation spielend meistern»*. Merken wir uns also, oder noch besser, schreiben wir uns die kleinen Aktivitäten, die wir erfolgreich durchführen, auf.

Wir machen folgende Übung:

Wir vergegenwärtigen uns einen glücklichen Tag aus der Vergangenheit, z. B. im Haus oder dem Ort unserer Kindheit. In entspannter Situation lassen wir die Tagträume an uns vorbeigleiten. Wichtig ist, daß wir bei unseren Gefühlen verweilen.

Das willkürliche Wiederbeleben positiver Vorstellungen der Vergangenheit führt zu einer allgemeinen Verstärkung unserer guten Gefühle für die Zukunft. Räumen wir insbesondere auf mit unseren aus der Kindheit stammenden falschen Glaubenssätzen. Wir müssen z. B. nicht von jedem Menschen gemocht werden, wir müssen nicht allen gefallen. Sonst resultiert daraus der Mißerfolgsgedanke: Ich habe etwas falsch gemacht. Und was dies in unserem Unbewußten auslöst, wissen wir. Unser Mißerfolgskonto wächst, und unser Selbstwert sinkt in den Keller.

Unsere Gedanken in die richtigen Bahnen zu lenken, ist nicht einfach, aber es ist möglich. Und nur dadurch wird es uns gelingen, unsere Gefühle, unser Wohlbefinden, unsere Handlungen, unser ganzes Leben in den Griff zu bekommen.

Selbstgespräche, die unsere eigenen Fehler und unguten Situationen betonen, die Mißerfolgsgedanken, diese negative Selbsthypnose können wir, nachdem wir uns das Problem bewußt gemacht haben, durch experimentelles Denken eliminieren.

Am besten schreiben wir uns dazu einen wichtigen positiven Gedanken auf einen Zettel, z. B. «Ich habe noch viele Energiereserven in mir» oder «Ich habe die Fähigkeit, das und das zu erlernen» und lesen sie diesen Satz mehrmals am Tag. Nach zwei bis drei Tagen ersetzen sie den Zettel bzw. den Satz durch einen neuen.

Unser Gehirn wird sich langsam diese neuen Glaubenssätze zu eigen machen und die negativen Gedanken eliminieren. Die Quintessenz dieses Vorgehens ist, daß wir uns falsche Glaubenssätze nicht einfach ausreden können, sondern daß wir an ihre Stelle positive Gedankeninhalte stellen müssen.

Es ist lange bekannt, daß falsche Überzeugungen über Mißerfolgsgedanken zu dem entsprechenden Verhalten und damit zu den sich selbst erfüllenden Prophezeiungen führen. Falsche Voraussetzungen führen notgedrungen zu einer erfundenen, nur von uns konstruierten Wirklichkeit. Ziel dieses Kapitels ist es, unsere falschen Überzeugungen als falsch zu erkennen und sie durch richtige, positive Glaubenssätze zu ersetzen.

Formulierungen von solchen richtigen, positiven Überzeugungen könnten lauten:

«Ich kann andere Personen nicht ändern, ich muß sie so akzeptieren, wie sie sind.»

«Ich kann lernen, anderen Menschen offen gegenüber zu treten und in Kontakt mit ihnen zu kommen.»

«Auch wenn Gedanken, Ideen von außen kommen, so habe ich doch die Macht der Entscheidung.»

«Ich versuche, mein Bestes zu geben, trotzdem darf ich auch Fehler machen.»

Legen Sie sich nun eine individuelle Liste mit solchen positiven Gedanken an.

Ziehen Sie sich zurück, bringen Sie sich in die Entspannungssituation, versetzen Sie sich an einen schönen, friedvollen Ort ihrer Wahl, an eine Meeresbucht, auf eine duftende Frühlingswiese o. ä., und wiederholen Sie jetzt langsam ihren ausgewählten Satz. Sie sollten etwa 15 Minuten für diese Übung einplanen.

So können wir unser Gehirn mit den aufbauenden Gedanken regelrecht füttern, bis unser Geist sie als Programm verinnerlicht hat. Wenn wir regelmäßig üben, wird es uns schon bald gelingen, etwa aufkommende negative Gedanken sofort durch einen positiven Satz zu ersetzen. Und schon bald werden wir uns unserer eigenen Macht bewußt, mit der wir unser gesamtes Programm im Kopf verändern können.

In einer weiteren Übung werden wir jetzt einen unserer gesellschaftlich – kulturell untermauerten Glaubenssätze in Frage stellen und ihn in einem Gedankenspiel ins Gegenteil verkehren. Solche Ausgangssätze könnten sein: *«Alle Arbeitslosen sind faul, die wollen gar nicht arbeiten»* oder *«Kinder sind unerfahren, von ihnen können wir nichts lernen»* oder *«Frauen sind für Spitzenleistungen in der Wirtschaft und Politik nicht so gut geeignet wie Männer.»*

Vervollständigen Sie diese Liste der gesellschaftlichen Vorurteile. Begeben Sie sich in die Entspannungssituation, und behaupten Sie in Gedanken genau das Gegenteil. Achten Sie insbesondere auf Ihre gefühlsmäßigen Reaktionen. Was wäre, wenn das Gegenteil wahr wäre? Entsteht Unbehagen oder Vergnügen?

Diese Übung, die vielen anfangs schwerfällt, wird bald bewirken, daß wir unser bisheriges Denken durch entgegengesetzte Denkansätze in Frage stellen und gegebenenfalls korrigieren können. Letztlich wird hierdurch unser geistiger Horizont erweitert, und schon bald wird aus der Übung Wirklichkeit.

Auch diese Übung ist ein Mosaikstein in der Selbsttherapie. Sie ermöglicht uns, aus eigener Kraft etwas zur Umprogrammierung unseres Geistes beizutragen. Natürlich kann jeder Mensch einen großen Teil seiner Glaubenssätze beibehalten, ändern werden wir selbstverständlich nur diese Grundeinstellungen, Ängste, Befürchtungen, die sich in unserem Erwachsenenleben als falsch bzw. störend herausgestellt haben.

Wenn uns etwas bedrückt, schauen wir es uns zuerst genau an. Ist eine Beziehung schlecht, weil wir vielleicht den anderen als minderwertig, inkompetent ansehen, können wir z. B. sehr schnell diese Beziehung beleben, indem wir dem Gegenüber großzügig und tolerant freundliche Anerkennung zollen. Dadurch helfen wir dem anderen, sich selbst zu helfen und sich damit wiederum uns gegenüber freundlicher zu verhalten.

Da wir in dieser Welt mit ihren Sorgen und Nöten Gefahr laufen, uns von der Natur zu entfernen, ist es wichtig, daß wir regelmäßig längere Spaziergänge in der freien Natur unternehmen, um unseren Geist zu füttern. Etwa mit einer Blumenwiese, einem Bachlauf oder dem Sternenhimmel. Zufrieden leben können wir nur im Einklang mit der Natur.

Eine weitere Übung besteht darin, daß Sie sich aus ihrer Vergangenheit, eventuell aus Ihrer Kindheit ein negatives Ereignis heraussuchen. Begeben Sie sich jetzt in die Entspannungssituation und beleuchten Sie kurz diese negative Erfahrung. Sobald Sie eine gewisse Anspannung in sich bemerken, geben Sie sich verstärkt Impulse zur Tiefenentspannung, atmen Sie ruhig und gleichmäßig ein und aus. Dies wiederholen Sie mehrmals, bis Sie den Gedanken an die ungute Geschichte ertragen können. Zum Abschluß suggerieren Sie sich noch einmal Ruhe, Entspannung und Ausgeglichenheit.

Sie werden bald merken, daß Sie durch diese Übung die Angst und die Wut vor der schmerzlichen Vergangenheit verlieren. Und sicher können Sie ebenfalls sehen, daß diese unschöne Erfahrung auch einen positiven Aspekt hatte und Sie dadurch eine wichtige Lebenserfahrung gewonnen haben.

Wir können diese Übung dergestalt variieren, daß wir in eine peinliche Szene aus Kindertagen, die wir imaginieren, als heutiges Selbst eintreten. Nun kann unser heutiges, relativ starkes Ich dem schwachen, leidenden Ich aus Kindertagen beistehen. Wir könnten z. B. eine Kinderszene, in der die Eltern uns demütigten, wiederbeleben und auf diese Weise bearbeiten.

Gedankliches Vorwegnehmen von Ereignissen kann so aussehen:

Wir überlegen uns eine notwendige Handlung, die wir immer wieder auf die lange Bank schieben, den Kontakt zu einer bestimmten Person, die Änderung eines ungünstigen Zustandes. Nachdem wir uns in die Entspannungssituation gebracht haben, stellen wir uns bildlich vor, wir hätten dieses Ziel schon erreicht. Wir malen uns

plastisch dieses angenehme Gefühl aus, das uns be-
glückt, wenn wir diese Leistung vollbracht haben.

Suchen Sie sich bitte nur realistische Ziele aus, die auch
tatsächlich erreicht werden können. Stellen Sie sich das
erwünschte Ziel nicht einfach pauschal vor, sondern gehen Sie Schritt für Schritt den ganzen Prozeß langsam in
Ihren Gedanken durch.

Mangelndes Selbstwertgefühl, sogenannte «Minderwertigkeitskomplexe», sind der Grund für sehr viele psychische Störungen. Deshalb ist der Aufbau einer positiven
Selbstachtung der eigenen Person ein ganz wichtiger
Schritt bei unserem Vorhaben.

Wieso die negative Einstellung in unserer Kindheit
entstanden ist, haben wir besprochen. Jetzt wollen wir
in konstruktiver Weise dieses Problem angehen. Dazu
schreiben wir uns Sätze auf, die folgendermaßen beginnen: *«Ich bin stolz auf mich und achte mich,
weil...»* 8–10 persönliche Vorzüge, besondere Leistungen sollten sich schon finden lassen. Ob das nun
Ehrlichkeit oder ein tiefes Empfinden oder korrektes
Arbeiten usw. sind.

Schreiben Sie möglichst viele positive Punkte für die
eigene Person auf. Lesen Sie sich in den nächsten Tagen
diese Liste immer wieder durch, und erfahren Sie möglichst lebendig das dabei aufkommende Gefühl. Damit
wir dieses Gefühl auch verinnerlichen, begeben wir uns
wieder in die Entspannungssituation und lassen die Liste der persönlichen Vorzüge, die wir ja schon auswendig kennen, auf uns einwirken.

Unsere positive Wertschätzung und damit die Versöhnung

mit den eigenen Fehlern können wir auch durch folgende Übung steigern.

In der Entspannungssituation rufen wir uns eine unangenehme, peinliche Situation aus der Vergangenheit ins Gedächtnis. Lassen wir plastisch und langsam die Situation an unserem geistigen Auge vorbeigleiten. Dann drehen wir uns um, kehren dem Ereignis den Rücken zu und gehen langsam davon.

Nach einigem Üben wird es uns auf diese Weise gelingen, negative Situationen zu verarbeiten, diese in der Vergangenheit zurückzulassen und uns der Zukunft zuzuwenden.

Es versteht sich von selbst, daß dieses Umprogrammieren unserer mentalen Fähigkeiten ein mühsamer, langwieriger Prozeß ist, da ja oft viele Jahre das für uns ungünstige Programm abgelaufen ist. Es ist deshalb notwendig, daß alle hier besprochenen Übungen jeweils über mehrere Tage durchgeführt werden müssen. Es hat sich allerdings als nicht sinnvoll erwiesen, einen allgemein verbindlichen Plan aufzustellen, da die individuellen Probleme und auch die zur Verfügung stehende Zeit sehr verschieden sind.

Der Beginn vieler Veränderungen in uns ist, aus der ewigen Spirale des Denkens im Kreis herauszukommen und etwas Konstruktives zu beginnen. Dazu müssen wir uns selbst unsere Fehler verzeihen und uns selbst anerkennen. Statt ständig in Selbstmitleid zu zerfließen, sollten wir stolz auf das sein, was wir geleistet haben und wofür wir auch Anerkennung erhielten. Erinnern Sie sich ganz detailliert an Ihre Erfolge und wieviel Lebensenergie Sie da hinein investiert haben.

Der lebenslange Prozeß des Selbstwachstums wird durch all die geschilderten Übungen gefördert. Hierzu gehört das Akzeptieren der eigenen Person, das Bewahren bzw. Wiedererlangen von kindlicher Spontaneität und Neugier, das Vertrauen in die Richtigkeit des eigenen Gefühls, die Unabhängigkeit von der Bestätigung durch andere, die Fähigkeit zur Toleranz, Versöhnlichkeit und Humor, das Akzeptieren moralischer, demokratischer Werte, um nur einige wesentliche Punkte zu nennen.

Überprüfen Sie nun in der Entspannungssituation, an welchen Stellen Sie diesen Prozeß der Selbstentwicklung unterstützen möchten. Malen Sie sich in der kreativen Imagination ein realistisches, lebendiges Bild, wie Sie sein möchten.

Durch wirklich soziales Handeln können wir eine neue Erfahrensdimension für unser Leben hinzugewinnen. Versuchen wir einen realistischen und reifen Umgang mit den Unzulänglichkeiten unserer Mitmenschen, statt uns ständig aus Enttäuschung zu grämen und blau zu ärgern. Wachsen als Person können wir nur, wenn wir uns an den tatsächlichen Gegebenheiten orientieren, statt unrealistischen Wunschvorstellungen nachzuhängen. Chronische Unzufriedenheit, Enttäuschungen über andere Menschen, Ärger und unsere ablehnende Haltung verbrauchen nur unnötige Energie, ja kosten uns Lebensfreude, Vitalität und Glück. Eine weitere Selbstentwicklung ist nur möglich, wenn wir die unabänderliche Realität (einschließlich die des eigenen Todes) akzeptieren, *mit* der Natur, statt *gegen* sie leben und in die eigene Lebenskraft vertrauen.

Kapitel 16

Visionen, Perspektiven, Kommunikation

Wir haben gesehen, daß es in der Kommunikation zwischen Menschen keine Objektivität und keine absolute Wahrheit gibt. Das, was wir wahrnehmen, ist nicht die Wirklichkeit, sondern das, was nach dem Filtern durch unsere verinnerlichten Einschätzungen und Vorurteile davon übrigbleibt. Wie wir Gegebenheiten bewerten, hängt ab von unserer sehr persönlichen Form der Verzerrung unserer Wahrnehmung.

Versuchen Sie in der Entspannungssituation folgende Übung. Stellen Sie sich einen angenehmen Ort vor, eine Blumenwiese, einen Waldrand oder einen Strand am Meer. Stellen Sie sich jetzt eine Person vor, die Sie gut kennen, und versuchen Sie, Ihre Gefühle beim Denken an diese Person ganz lebendig werden zu lassen. Sprechen Sie diese Gefühle jetzt laut aus, ganz ehrlich, ohne Hemmungen, ohne irgendeine Zensur. Versuchen Sie das solange, bis zwischen Ihrem Gefühl und Ihrem Gesprochenen eine völlige Übereinstimmung besteht.

Sie merken, wie schwierig es ist, die eigenen Gefühle in die richtigen Worte zu fassen. Ehrlich zu uns selbst können wir nur sein, wenn wir unsere eigenen inneren Zustände und Gefühle genau kennen.

Nur dann ist es auch etwas einfacher, mit unguten Menschen umzugehen, die uns Probleme machen, z. B.

der unentschlossene Feigling, der Kontrollierende, der sich zwanghaft in alles einmischt, der uns immer wieder täuschende, rachsüchtige Intrigant oder der unbarmherzige, kalte Sklaventreiber. Entweder lernen wir mit dem Lebens- und Arbeitsstil solcher Menschen umzugehen, oder wir müssen ihnen aus dem Weg gehen, denn ändern können wir sie nicht. In einer sogenannten psychologischen Selbstverteidigung können wir auf unser Gegenüber diplomatisch eingehen, auf der inhaltlichen Seite bleiben, ohne den Schwanz einzuziehen, aber auch ohne direkt zu widersprechen.

Bei allen Übermittlungen ist es immer wichtig, auf die nichtgesprochenen Elemente der Kommunikation zu achten. Und achten wir bewußt beim Zuhören und Reden auf unsere Gefühle. Bleiben Sie möglichst sachlich, beleidigen Sie den Gesprächspartner nicht, und vergewissern Sie sich, daß die Botschaft bei ihm unverzerrt angekommen ist.

Nutzen Sie nie eine Verletztheit aus, um jemanden anzugreifen. Vermitteln Sie ihrem Gegenüber, daß sie ihm prinzipiell vertrauen, auch wenn Ihnen einmal nicht danach ist.

Bewerten wir die Integrität einiger wichtiger Personen um uns herum. Sind diese ehrlich, zuverlässig, leistungsfähig, haben sie ein reines Gewissen? Jetzt ist es einfacher, sich selbst nach diesen Eigenschaften zu fragen.

So können Sie jetzt auch andere Charaktereigenschaften durchgehen: Respekt vor anderen Menschen, Kommunikationsfähigkeit, Loyalität, Durchhaltevermögen. Stellen Sie sich immer zuerst eine andere Person vor und befragen Sie sich nach ihren innersten Gefühlen dieser Person gegenüber. Nur wenn wir anderen vertrauen, werden diese auch uns vertrauen. Am ehesten geht das, wenn wir gemeinsame Visionen, eine gemeinsame Perspektive entwickeln können.

Gerade hierbei ist es wichtig, daß wir zwar mutig unsere persönliche Meinung vertreten müssen, aber möglichst niemanden in direkter, zorniger Konfrontation verletzen sollten.

Stellen wir uns den fiesesten unserer Zeitgenossen vor. Begeben wir uns in die Entspannungssituation, stellen wir uns vor, welchen Ärger, welche unguten Gefühle diese Person in uns auslöst. Nun reagieren Sie in Gedanken aber nicht wie in gewohnter Weise, sondern widersprechen Sie diesem Menschen freundlich und bestimmt, ohne Zorn und Rachegefühle. Reagieren Sie ganz sachlich, und machen Sie ihrem gedanklichen Gegenüber klar, daß Sie sein unangemessenes Verhalten für nicht gut finden und was unsere Gefühle dabei sind.

Wir können andere Menschen nicht ändern, wir können uns aber selbst so widerstandsfähig machen, daß ihr flegelhaftes Verhalten, ihre Beleidigungen an uns abprallen. Nach dem Üben vor unserem geistigen Auge können wir solche Szenen auch in der Realität angehen.

Wir wissen es jetzt, auch in der Gegenwart von nicht ganz so perfekten Menschen sind wir freundlich, zuverlässig, aufrichtig. All das Geschriebene und von Ihnen in Gedanken Nachvollzogene bleiben leere Phrasen, so lange wir es nicht in die Tat umsetzen. Kritik an uns ist kein persönlicher Angriff, sondern eine Chance, uns weiter zu verbessern.

Wir bemühen uns weiter darum, eine stabile, innere Ordnung in uns aufzubauen mit Zufriedenheit, Ruhe, Harmonie, was bedeutet, daß wir immer entschiedener Ängste, Sorgen und Kummer eliminieren können. Wir haben gelernt, Streß in Energie umzuwandeln. Identifizieren wir den Streß, lächeln wir, denken wir mit Hilfe der kreativen Imagination an etwas Positives. Es ist so verblüffend einfach, wie es sich anhört.

Ein großes Problem ist für viele Menschen eine schlechte Konzentration. Aber nur mit einer guten Konzentrationsfähigkeit können wir unsere inneren Ressourcen effektiv nutzen. Gerade wenn wir seelische Probleme haben, kreist unser Geist wie eine Spirale durch unser Hirn, und wir sind nicht in der Lage, ihn in Ruhe auf eine Sache zu lenken. Wir wollen uns einige Übungen zur Erlangung einer besseren Konzentrationsfähigkeit ansehen. Daß es allein mit dem guten Willen und dem Zusammenreißen nicht klappt, haben wir alle zur Genüge erlebt.

Für unsere Übung benötigen wir wieder 15 Minuten. Wir suchen uns einen Gegenstand, auf den wir uns konzentrieren wollen, z. B. eine Blume oder eine brennende Kerze, und bringen uns durch tiefe Atmung in die Entspannungssituation.

Sobald Ruhe in uns eingekehrt ist, betrachten wir den ausgewählten Gegenstand, also die Blume oder die brennende Kerze. Sehen wir ihn uns in Ruhe genau an, die Farbschattierungen, die Form. Lassen Sie Ihre gesamte Aufmerksamkeit von diesem Gegenstand aufsaugen, werden Sie eins mit dem Objekt. Konzentrieren Sie sich so lange auf den Gegenstand, bis Sie seine Präsenz in sich spüren.

Haben wir das mehrmals erfolgreich geübt, dann können wir uns auch auf andere Dinge, ein wichtiges Gespräch, einen schwierigen Text 15 Minuten lang konzentrieren. Gleichzeitig verhilft uns diese Übung dazu, unsere Wahrnehmungsfähigkeit bezüglich der äußeren Wirklichkeit zu vertiefen.

Insgesamt bringen wir mehr Leidenschaft in unser Leben, wir erreichen eine größere persönliche Macht, entwickeln mehr Geduld und Ausdauer zur Erreichung unserer Ziele, wir werden motiviert, unsere Ressourcen zu entdecken, und wir planen unseren Tagesablauf so, daß wir mehr Zeit haben.

Und sagen Sie nicht, ja, das möchte ich zwar alles gerne, aber es funktioniert nicht. Aus Erfahrung mit unzähligen Klienten weiß ich, daß es bei jedem klappt, weil Selbstanalyse und Selbsttherapie erlernbar sind wie jede andere Fähigkeit. Daß wir Geduld und Zeit brauchen, habe ich bereits betont.

Auch brauchen wir ein bißchen Mut und Selbstvertrauen, um wirklich kreativ zu sein. Kreativität ist etwas, das wir alle in uns ständig fördern müssen, um unsere Probleme zu besiegen. Entdecken wir neue Bedeutungen in uns vertrauten Dingen, erreichen wir unsere Ziele mit neuen Mitteln.

Überlegen Sie sich einmal, welche Umstände, welche Personen bei Ihnen zuletzt einen kreativen Gedanken ausgelöst haben. Interessieren Sie sich einmal für ausgefallene Themen, Projekte, Theorien, für Menschen, die anders sind, für Kunst, Literatur, Musik.

Wenn Sie diesem Vorschlag gegenüber mit Ablehnung reagieren, fragen Sie sich, woher Ihr Widerstand kommt. Man braucht und muß sich nicht für alles interessieren, aber entspannen wir zunächst einmal vor uns das gesamte Spektrum des Lebens, und suchen wir uns das eine oder andere heraus, das uns Spaß macht.

Werfen Sie immer mal wieder Ihre alten Glaubenssätze über Bord. Sagen Sie nicht ständig, daß Sie objektiv und ernsthaft denken müssen und daß Sie für derlei Spielereien keine Zeit haben. Nichts ändert sich, wenn Sie sich nicht ändern! Solange Sie sich nur sagen, ich bin halt so, ich war schon immer so, nehmen Sie sich die Möglichkeit, neue Wege zu gehen. Meist waren es die «verrückten», neuen Ideen, die die Menschheit weitergebracht haben. Statt engstirnig beim Althergebrachten zu verweilen, sollten wir sofort unsere eigene Geisteshaltung in Frage stellen und neue Wege in uns entdecken. Sobald wir die innere Erfahrung gemacht haben, funktioniert es auch: Wir können dieselben Dinge mit völlig neuen Augen sehen. Und wir machen nebenbei die schöne Erfahrung, es macht ungeheuren Spaß und ist kein bißchen anstrengend.

Motivieren wir uns, unsere kindliche Neugier wieder neu zu entdecken. Ziehen wir neue Verbindungen und Möglichkeiten in Betracht. Entdecken wir wieder unsere natürliche Gabe zum Staunen und zur Überraschung. Wir können etwas mehr spontan, abenteuerlustig und begeisterungsfähig sein. Auch wir können etwas entdecken, was niemand bisher so gesehen hat.

Wir haben die Macht, den Lauf der Dinge in positiver Weise zu verändern. Wir haben weiter vorne gesehen, daß Ärger, Hilflosigkeit, soziale Isolation Anzeichen für einen inneren Konflikt sind und zu einer verzerrten Wahrnehmung der Realität führen. Es sind unsere falschen Glaubenssätze und Mißerfolgsgedanken und nicht ein böses Schicksal, die uns unsere Situation so schwarz sehen lassen.

In der Zwischenzeit haben wir gelernt, den Dingen auf den Grund zu gehen und die Ursache für ein Problem zu erkennen, das heißt, zu analysieren, wie eine Misere an- gefangen hat. Vermutlich stellen wir dann fest, daß eines dieser allzu menschlichen Spiele mit Abwertung, Enttäu- schungen, Schikanen abläuft, das dann in der Frustration endet. Wir kennen die Rollen der Opfer, der Strafenden und der Retter, und wir haben inzwischen erkannt, daß wir uns nicht nur notgedrungen in solche Spielchen ver- stricken lassen müssen. Wir können uns rechtzeitig – vorausgesetzt, wir überblicken die Situation – richtig entscheiden. Daß hierzu viel Sensibilität, Mitgefühl, Ver- ständnis, also menschliche Reife notwendig sind, versteht sich von selbst.

Wir haben weiter gefolgert, daß wir auf allen Gebieten unsere Grenzen akzeptieren müssen, daß wir andere Menschen in ihrem Anderssein respektieren wollen, daß wir eine vernünftige Balance zwischen Arbeit und Frei- zeit, Freunden, Interessen, Hobbys herstellen können.

Wir haben gesehen, wie einfach wir eine positive Ver- stärkung erreichen können, wenn wir dem Bedürfnis aller Menschen nach Wertschätzung, Anerkennung und Re- spekt entgegenkommen. Wenn unsere Bezugspersonen sich wohlfühlen, fühlen auch wir uns wohl.

Lassen wir uns in kreative Tagträume gleiten, und er- fahren wir, daß wir unserem Unbewußten vertrauen kön- nen und daß unser eigentliches, wahres Selbst hier ruht in unseren Gefühlen.

Davon profitiert auch unser Körper, indem wir die ei- gene Vitalität wahrnehmen und Energien in uns freisetzen, die selbstheilende Kräfte mobilisieren. Wir haben gesehen, welchen destruktiven Einfluß negative Gedanken auf unsere körperliche Gesundheit haben und wie eindrucksvoll positive Gedanken unser Immunsystem und damit unsere Gesundheit fördern.

In der Entspannungssituation sagen wir uns die Sätze: Die Lebensenergie durchströmt meinen Körper. Ich kann selbst dafür sorgen, daß ich gesund werde bzw. bleibe. Auch ich kann lernen, meine inneren Heilungskräfte zu mobilisieren.

Eine zusätzliche Hilfe ist dabei der Humor. Versuchen wir insbesondere dann, wenn es uns nicht so gut geht, auch die lustigen und komischen Seiten des Lebens nicht zu übersehen.

Obwohl wir uns im nächsten Kapitel intensiv mit unserem Körper beschäftigen, wollen wir uns schon an dieser Stelle klarmachen, daß unser ganzes Bemühen um Aufarbeiten unserer Vergangenheit, die Beeinflussung unserer Gedanken usw. nicht ausreichen, wenn wir nicht unseren Körper in den Wiederbelebungsprozeß einbeziehen.

Versprechen wir unserem Körper, daß wir ihn pfleglichst behandeln, Schaden durch Zufuhr von Giften jeder Art von ihm fernhalten, ihm genügend Ruhe und Schlaf gönnen, ihn richtig ernähren und uns ausreichend bewegen. Bewundern wir unseren Körper, daß er all die komplizierten Vorgänge so exzellent meistert. Genießen wir seine Energie und Gesundheit.

Erkennen wir immer deutlicher, nicht nur in anderen, sondern auch in uns den aus Angst und Unsicherheit Feigen, den aus Mangel an Vertrauen alles Kontrollierenden, den um den Erhalt seiner Herrschaft bemühten Schnüffler und den durch vernichtende Spiele agierenden Schikaneur. Wir haben die verborgenen Motivationen dieser unguten Spiele erkennen gelernt und müssen jetzt vermeiden, in diese Fallen zu treten. Was passiert Ihnen *immer wieder,* was läuft *immer, wieder* schief? Was hätten Sie anders tun können, um aus dem Teufelskreis auszusteigen?

Verlassen wir die Spiele, mit denen wir allen gefallen wollen. Überwinden wir in uns das Streben nach Perfektion, akzeptieren wir unsere Schwächen. In jedem Leben gibt es Phasen, wo uns einiges mißlingt. Der wichtigste Beifall kommt von uns und nicht von anderen. Füllen wir unsere Tage mit Betätigungen, die uns begeistern.

Auch ohne auf Dankbarkeit zu schielen, sollten wir Anteilnahme am Leben anderer Menschen nehmen und echtes Mitgefühl, Mitleid empfinden und auch zeigen.

Dadurch tun wir nicht nur anderen etwas Gutes, unser eigenes Selbstwertgefühl steigt. Streifen wir uns unsere Maske ab, und zeigen wir unsere wahren Gefühle. Wenn wir uns vor anderen Menschen verstecken, verbergen wir auch vor uns unsere potentiellen Qualitäten, weihen wir unser Leben nicht der Sorge und dem Groll, weihen wir es unserem Glück.

Denken wir an die vielen Fähigkeiten, die in uns stecken, und an die guten Beziehungen zu anderen Menschen, die wir aufbauen und festigen können. Bestehen wir auf unserem Recht, glücklich zu sein. Positiv orientierte Gewohnheiten tragen ein gutes Stück dazu bei. Entwickeln wir Siegesbewußtsein, lassen wir uns tragen von der Vorstellung unserer selbst in erfolgreichen Situationen. Ver-

geben wir anderen und uns, denn dadurch finden wir
Entspannung und inneren Frieden. Setzen wir ganz bewußt unsere bildhafte Vorstellungskraft ein, um unseren
Weg in eine bessere Zukunft zu planen. Lernen wir, unsere ganz persönliche Wahrheit zu sehen und zu leben.

Kapitel 17

Durch körperliche Fitneß und richtige Ernährung zur seelischen Ausgeglichenheit

Der Begriff der Gesundheit ist nicht nur abhängig von objektiven Körperfunktionen, sondern er beinhaltet auch unsere persönliche gefühlmäßige Einschätzung unseres (Wohl)Befindens. Das Gefühl der Leistungsfähigkeit und der Belastbarkeit verleiht uns Lebensfreude, Vitalität, Unabhängigkeit. Jede Inaktivität führt zu einer Schwächung der Lebenskräfte bis hin zur Krankheit. Obwohl es keine einheitliche Definition von Normalität und Gesundheit gibt, so gibt es doch im Bereich des Seelischen und Körperlichen Fähigkeiten und Beziehungen, die wir allgemein als günstig einstufen.

Wollen wir etwas für unser Körpertraining und damit gleichzeitig etwas für unser seelisches Wohlbefinden tun, so sehen wir uns vor die Qual der Wahl gestellt. Selbsternannte Fitneßexperten, östliche Gurus oder westliche Filmstars bieten uns in den Regalen der Buchhandlungen und Videotheken eine unübersehbare Flut von Übungsprogrammen.

Die beste Sportart gibt es nicht. Trotzdem möchte ich Ihnen etwas Ordnung in das Problem bringen. Aus der Erfahrung vieler Sportpädagogen und Psychotherapeuten wissen wir, daß Joggen, Walking, Schwimmen und Radfahren sicher gute Möglichkeiten sind, das Seelenleben zu stabilisieren. Im Zusammenhang mit psychotherapeutischen Interventionen setzt man besonders gern Joggen und Walking ein, da bei diesen beiden Trainingsarten sehr einfach die zeitliche Steigerung möglich ist und weil sie ganzjährig im Freien durchgeführt werden können. Viele Experten glauben, daß *Joggen* die beste aller Trainingsmöglichkeiten ist. Das Laufen ist die ureigenste Bewegungsform des Menschen und keineswegs eine neuzeitliche Modeerscheinung, obwohl man natürlich sagen muß, daß die Jogging-Bewegung in den letzten 10 bis 20 Jahren eine explosionsartige Verbreitung erfahren hat, die aber ähnlich der Body-Building- und der Aerobic-Welle derzeit abebbt und mehr und mehr von Walking und Fahrradfahren abgelöst wird.

Auch wenn es in unserem Buch vorrangig um die psychische Auswirkung des Laufens geht, so wollen wir doch wenigstens stichwortartig auf die wichtigsten körperlichen Effekte eingehen. Was ich jetzt für das Joggen formuliere, gilt natürlich auch für viele andere Sportarten.

Gemäß einer Langzeitstudie der Harvard-Universität ist bewiesen, daß die kühne Behauptung von den drei L («Langläufer leben länger») stimmt. Da das Herz während des Laufens höhere Leistungen vollbringt und damit gestärkt wird, kann es in der übrigen Zeit geschont werden. Der Ruhepuls sinkt also. Außerdem kehren die bei vielen Menschen überhöhten Blutfette durch das Laufen in den Normbereich zurück. Da wir beim Dauerlauf 2 Liter Sauerstoff pro Minute (entspricht 45 Litern Atemluft) statt ¼ Liter in Ruhe aufnehmen, erhöht sich die Vitalkapazität. Wie bei jedem anderen Ausdauertraining werden mehr rote Blutkörperchen gebildet, der Hämoglobinspiegel, aber auch das Blutplasma und damit das Blutvolumen steigen an.

Durch die erhöhte Sauerstoffaufnahme beim Joggen schaffen wir eine wichtige Voraussetzung für die Verbrennung von Körperfett. Entscheidend ist, daß diese Fettverbrennung (wir benötigen 2000 Liter Sauerstoff, um 1 kg Fett zu verbrennen) auch noch Stunden nach der sportlichen Betätigung anhält. Da außerdem der Stuhlgang reguliert wird, garantiert Joggen ein ideales Körpergewicht. Die Elastizität, die Spannkraft und Beweglichkeit der Muskulatur nehmen deutlich zu. Viele körperlichen Beschwerden wie Kopfschmerzen, Krampfadern, Infektionskrankheiten und Menstruationsbeschwerden werden günstig beeinflußt. Der Drang nach Alkohol, Nikotin und Kaffee schwindet.

In unserem Zusammenhang ist jedoch entscheidend, daß sich unsere psychische Verfassung erheblich bessert. Wir wissen, wie sehr es uns belastet, wenn uns Schlaf fehlt, gleich ob wir ihn uns vorenthalten oder ob wir Schlafstörungen haben. Für unser seelisches Wohlbefinden spielt Schlaf eine ganz entscheidende Rolle. Der Mißbrauch von Schlaf- und Beruhigungsmitteln hat verheerende Folgen. Wissenschaftliche Untersuchungen auf der ganzen Welt belegen, daß regelmäßiges Laufen Schlafstörungen abbaut.

Der Jogger oder Walker bewegt sich, um sein körperlich-seelisches Wohlbefinden zu steigern und hat eigentlich nichts mit dem ehrgeizigen, leistungsbezogenen Wettkampfläufer zu tun. Auch wenn wir durch Laufen oder Gehen unseren Grundcharakter nicht entscheidend ändern können und wollen, so wissen wir doch, daß wir seelisch stabiler, sozial offener, genuß- und kontaktfreudiger werden. Die innere Unruhe verschwindet, wir werden ruhiger und gelassener, wir sind unangenehmen, schwierigen Situationen eher gewachsen, sind weniger oft traurig und nervös. Joggen und Walken führen dazu, daß wir zuverlässiger, phantasievoller, gefühlsbetonter, liberaler, selbstsicherer und lockerer, also emotional ausgeglichener werden.

Da der Jogger und Walker weiß, daß er eine Leistung selbst erbringt, erfährt er sehr deutlich, daß er seinen Lebensweg selbst steuern kann und für sich selbst verantwortlich und nicht irgendwelchen Zufällen und bösen Mächten ausgeliefert ist. Der Jogger und Walker verändert also schon insgesamt seine Persönlichkeit, indem er in allen Bereichen des Lebens stärker als bisher bereit ist, die Verantwortung in seine eigenen Hände zu nehmen.

Die Klage «Ich halt den Streß nicht mehr aus» wird der Vergangenheit angehören. In der sportlichen Betätigung lernen wir sehr einfach und körpernah, daß wir den Druck, die Leistung dosieren können. Wir erfahren täglich, daß geringe Dosen aktivieren, während nur Überdosen zerstören. Joggen und Walken führt weg vom belastenden, ungesunden, krankmachenden Streß mit Nervosität, Bluthochdruck, Alkohol- und Nikotinmißbrauch hin zum positiven Streß, der unser Leben erst lebendig und lebenswert macht. Durch Jogging und Walking können wir gerade die durch das erhöhte Erregungsniveau geschaffene Spannung eines stressigen Alltags abreagieren. In allen Streßbewältigungsprogrammen *(Coping-Fähigkeit)* nimmt Laufen und Walken eine bevorzugte Position ein. Jeder, der sich darauf einläßt, spürt sehr schnell, daß er weniger hektisch und aufgeregt, sondern ruhiger und gelassener reagiert.

Die Formulierung der amerikanischen Forscherin C. Rand «People who run feel better» (Menschen, die laufen, geht es besser) trifft den Nagel auf den Kopf, denn deutlich steigen Wohlbefinden und Stimmung. Die seelische Ausgeglichenheit, das meditative In-sich-Ruhen, die private und berufliche Zufriedenheit nehmen zu. Das «Burn-out-Syndrom» (Gefühl des inneren Ausbrennens und des Überdrusses, der inneren Kündigung), die emotionale, körperliche und geistige Erschöpfung, die Hoffnungslosigkeit, die Unzufriedenheit können erfolgreich bekämpft werden. Laufen und Walken fördern Freundschaften und Kontakte.

Um in den Genuß all dieser positiven Erlebnisse und Gefühle zu kommen, ist es zunächst aber wichtig, den Kampf mit der eigenen Bequemlichkeit erfolgreich zu bestehen. Nicht nur am Anfang bedarf es schon eines gewissen Schwunges, um sich aus dem warmen Fernsehsessel hinaus in ein eventuell regnerisches Wetter zu begeben. Deshalb sollten wir immer bestrebt sein, uns nach dem Lauf zusätzlich etwas zu verwöhnen, indem wir uns etwas Außergewöhnliches gönnen.

Was viele nicht für möglich halten, was aber wissenschaftlich eindeutig bewiesen ist: Auch Kreativität und Intelligenz nehmen zu. Wohl durch eine verbesserte Sauerstoffversorgung des Gehirns kommt es zu einer Zunahme der Konzentrationsfähigkeit und des Wachheitsgefühls. Schon die lateinische Weisheit «Mens sana in corpore sano» (ein gesunder Geist in einem gesundem Körper) untermauert diese überzeugende Tatsache. Durch den Abbau von Fettgewebe und den Aufbau von Muskeln wird unser Körper straffer und kräftiger. Die Selbstwahrnehmung wird positiver, unser Selbstwertgefühl steigt. Das zunehmende Selbstbewußtsein gründet auch auf der Erfahrung, daß wir Leistungen schaffen, die wir uns ursprünglich nicht zugetraut hätten. Das überträgt sich auch auf andere Lebenssituationen. Wir gewinnen die Gewißheit, auch andere schwierige Probleme lösen zu können.

Es ist kein Geheimnis, daß Laufen die Angst reduziert, was mit ein Grund ist, warum Laufprogramme in vielen Psychosomatischen und Entzugs-Kliniken eingesetzt werden. Ebenso werden Depressive aus ihrer Inaktivität herausgeholt und mit einem Erfolgserlebnis belohnt. Insbesondere unsere kleinen Tiefs, unsere gedrückte Stimmung sind sehr erfolgreich durch Laufen «wegzublasen,» Da Laufen und Walking auf Körper *und* Seele wirken, werden die meisten psychosomatischen Erkrankungen positiv beeinflußt wie zum Beispiel Migräne, vegetative Herzbeschwerden, Magenschmerzen, Bluthochdruck, Schwindel usw.

Niemand will alle Menschen zu Joggern und Walkern machen. Wer trotz eines ernsthaften Versuchs diese Bewegungsart ablehnt, kann es vielleicht mit Radfahren oder Schwimmen versuchen. Nur – wer alles für sich ablehnt, kann nicht erwarten, daß sich in seinem Leben etwas ändert.

Wer nun mit einer Sportart beginnen möchte, sich aber völlig untrainiert fühlt, eventuell schon etwas älter ist, sollte sich mit seinem Hausarzt, einem Internisten oder am besten mit einem Sportarzt darüber unterhalten und eventuell notwendige Untersuchungen durchführen lassen.

Es würde den Rahmen dieses Buches sprengen, wollten wir hier die Jogging- und Walkingprogramme in aller Einzelheit durchgehen. Aus der Vielzahl der angebotenen Bücher habe ich ihnen die in meinen Augen besten herausgesucht und empfehle ihnen, sich bezüglich der technischen Durchführung diese zu kaufen.

Das Buch «Laufen und Joggen» von dem Psychotherapeuten Dr. Ulrich Bartmann zeigt eindrucksvoll, wie eng seelisches und körperliches Geschehen zusammenhängen und wie die langsame Steigerung der Laufleistung am sinnvollsten erfolgt. Mit ihm bin ich der Meinung, daß Zeitprogramme den Streckenprogrammen vorzuziehen sind. Nachstehende Tabelle zeigt, wie ein vierteljähriges Laufprogramm aussehen kann.

Zwei Lauftermine sollten wir uns wöchentlich einrichten. Gemäß der Tabelle sieht der 1. Tag also folgendermaßen aus: 2 Min. Laufen – 2 Minuten Gehen – 2 Minuten Laufen – 2 Minuten Gehen – 2 Minuten Laufen – 2 Minuten Gehen – 2 Minuten Laufen. Wöchentlich erfolgt eine Steigerung, bis wir nach 3 Monaten mühelos 30 Minuten laufen können. Am besten kopieren wir uns die Tabelle und nehmen sie mit auf den Lauf. Und halten sie es bitte nicht für übertrieben pedantisch, mit der Stoppuhr zu laufen. Wenn Sie die Zeit haben, können sie natürlich auch 3–4 mal die Woche «auf Reisen» gehen. Das A und O heißt: langsam laufen. Fast alle Anfänger laufen zu schnell! «Wer aus der Puste kommt», sagt U. Bartmann, «läuft zu schnell.»

Bitte keine Programmpunkte überspringen! Und gönnen sie sich ein paar gute Laufschuhe! Die übrige Kleidung ist nicht so wichtig. Die ersten Laufstrecken sollten möglichst eben sein. Falls es nicht der ideale, weiche Waldboden sein kann, geht es auch auf Asphalt oder im Rechteck eines Sportplatzes. Vor dem Lauf sollten wir nichts essen und uns mit einigen gymnastischen Übungen warm machen. Allerdings kann man sich beim Joggen leicht übernehmen und zuviel des Guten tun. Gerade bei Laufanfängern ist die Ausfallquote relativ hoch. Infolge

Laufprogramm

Woche	Tag	Laufzeit in Minuten (L = Laufen/G = Gehen)	Gesamt-laufzeit
1	1	2L – 3G – 2L – 3G – 2L – 3G – 2L – 3G – 2L – 3G – 2L	12
	2	2L – 3G – 2L – 3G – 2L – 3G – 2L – 3G – 2L – 3G – 2L – 3G – 2L	14
2	1	2L – 2G – 2L – 2G – 2L – 2G – 2L – 2G – 2L – 2G – 2L – 2G – 2L	14
	2	3L – 3G – 3L – 3G – 3L – 3G – 3L – 3G – 3L	15
3	1	3L – 3G – 3L – 3G – 3L – 3G – 3L – 3G – 3L – 3G – 3L	18
	2	3L – 2G – 3L – 2G – 3L – 2G – 3L – 2G – 3L – 2G – 3L – 2G – 3L	21
4	1	4L – 3G – 4L – 3G – 4L – 3G – 4L – 3G – 4L – 3G – 4L	24
	2	4L – 2G – 4L – 2G – 4L – 2G – 4L – 2G – 4L – 2G – 4L	28
5	1	5L – 3G – 5L – 3G – 5L – 3G – 5L – 3G – 5L	25
	2	5L – 3G – 5L – 3G – 5L – 3G – 5L – 3G – 5L – 3G – 5L	30
6	1	5L – 2G – 5L – 2G – 10L – 5G – 5L – 2G – 5L	30
	2	5L – 2G – 5L – 2G – 10L – 5G – 5L – 2G – 5L – 2G – 5L	35
7	1	5L – 2G – 5L – 2G – 10L – 5G – 5L – 2G – 5L – 2G – 5L – 2G – 5L	40
	2	5L – 2G – 10L – 5G – 10L – 5G – 5L – 2G – 5L – 2G – 5L	40
8	1	5L – 2G – 10L – 5G – 10L – 5G – 5L – 2G – 5L – 2G – 5L – 2G – 5L	45
	2	5L – 2G – 15L – 5G – 10L – 5G – 5L – 2G – 5L	40
9	1	5L – 2G – 15L – 5G – 10L – 5G – 5L – 2G – 5L – 2G – 5L	45
	2	5L – 2G – 15L – 5GI – 15L – 5G – 5L – 2G – 5L	45
10	1	5L – 2G – 20L – 5G – 10L – 5G – 5L – 2G – 5L	45
	2	5L – 2G – 20L – 5G – 15L – 5G – 5L	45
11	1	5L – 2G – 20L – 5G – 15L – 5G – 5L – 2G – 5L	50
	2	5L – 2G – 25L – 5G – 10L – 5G – 5L	45
12	1	5L – 2G – 25L – 5G – 10L – 5G – 5L – 2G – 5L	50
	2	5L – 2G – 30L – 5G – 10L – 5G – 5L	50

Aus: U. Bartmann, Laufen und Joggen (Trias)
Georg Thieme Verlag ²1993, S. 70.

Unkenntnis der Risiken kommt es immer wieder zu schmerzhaften Verletzungen. Besonders die Fußknöchel, die Bänder im Kniegelenk und die Achillessehne sind in Gefahr.

Wer sich für *Walking* entscheidet, dem empfehle ich das Buch «Walking/Gehen ist besser als Fasten» von Les Snowdon und Maggie Humphreys.

Schieben sie den Beginn nicht zu lange auf. Ziehen sie die richtige Kleidung und ein paar bequeme Schuhe an und unternehmen sie einen flotten Spaziergang von 20 Minuten Dauer. Am besten ist es, wenn sie am Anfang mit dem strammen Gehen direkt vor der Haustür beginnen. Gehen sie jeden 2. Tag!

Wählen sie die Geschwindigkeit so, daß Sie gefordert, aber nicht überfordert sind. Jedesmal können sie die Geschwindigkeit etwas steigern und sich ein bißchen mehr anstrengen. Falls sie nach 20 Minuten nicht erfrischt, sondern müde sind, war das Tempo zu schnell, oder Sie sind nicht ganz gesund (eine sportärztliche oder eine internistische Untersuchung klärt das ab). Und – lassen Sie sich nicht von schlechtem Wetter von ihrem Programm abhalten. Selbst Regen, Schnee und Kälte müssen kein Hinderungsgrund sein. Entscheidend ist die richtige Kleidung, die man so wählt, daß man eventuell unterwegs noch etwas ausziehen kann.

Um einen guten persönlichen Gehrhythmus zu erreichen, müssen wir zu Beginn auf Schrittlänge und Armbewegungen achten. Wir wählen das Schrittmaß relativ lang, aber so, daß es uns noch angenehm ist. Um unser Hüftgelenk sind die kräftigsten Muskeln des Körpers angebracht. Bald bekommen wir das Gefühl, daß wir mit jedem Schritt in den Hüften weiter ausgreifen können.

Den Fuß rollen wir am Boden so ab, daß wir zuerst mit den Fersen und dann erst mit den Zehen den Boden berühren. Die Arme lassen wir ganz natürlich in der Gegenrichtung zu den Beinen schwingen. Die Schultern können wir entspannt sinken lassen. In den Ellenbogen sind die Arme bequem und locker abgewinkelt. Und schon bald spüren wir, daß flottes Gehen eine ganz natürliche, rhythmische Bewegungsform ist, für die unser Körper geschaffen ist.

Ganz von selbst wird sich ein weiterer Effekt einstellen. Neben der sich täglich steigernden körperlichen Fitneß werden Sie sich ihrem Idealgewicht nähern. Die überflüssigen Pfunde verschwinden. Der Körper fühlt sich insgesamt fester und elastischer an. Ihre Umgebung wird bald feststellen, daß Sie insgesamt besser aussehen. Je sicherer Sie sich ihrem persönlichen Gehtempo und Ihrer idealen Gehzeit nähern, um so freier fühlen Sie sich in der Natur. Es wird Ihnen klar, daß Sie einer Gewohnheit nachgehen, die Ihr Leben für immer zum Positiven geändert hat. Die natürliche Bewegung in der frischen Luft macht Sie seelisch stabiler, insgesamt gesünder, fitter, schlanker.

Mit Hilfe der drei Faktoren *Streckenlänge, Geschwindigkeit, Gehzeit* entwerfen Sie sich ein Walking-Tagebuch, und Sie werden sehen, daß sich langsam die drei Werte steigern lassen. Die Aufzeichnungen dienen uns neben der Kontrolle der Motivation. Wer einmal ein 30-Tage-Programm absolviert hat, versteht nicht mehr, warum er so lange bis zur Verwirklichung dieser Idee gewartet hat.

Nach meiner Überzeugung ist Walking die beste und fast von allen Menschen relativ leicht in die Tat umzusetzende Bewegungsart. Gerade der Untrainierte, der den ganzen Tag in Beruf und Freizeit irgendwo sitzende Mensch, sollte sich motivieren lassen, etwas für sich zu tun. Alle Wissenschaftler, die weltweit Menschen untersucht haben, sind sicher, daß Walking eine Möglichkeit ist, ein langes Leben bei robuster Gesundheit zu erlangen. Die Regelmäßigkeit und das Durchhalten sind bei jedem körperlichen Training entscheidend. Deshalb ist es ganz besonders wichtig, daß uns die Tätigkeit wirklich Spaß macht und wir sie nicht als zusätzlichen Streß empfinden. Die Psychologen reden vom Internalisieren, d. h. es muß sich etwas in uns ganz selbstverständlich festsetzen und wirksam werden wie Essen und Trinken.

In den USA gibt es bereits heute mehr Walker als Jogger. Das zügige Gehen ist im Vergleich zum Laufen schonender für unseren Bewegungsapparat. Besonders die Wirbelsäule, Hüft-, Knie- und Fußgelenke werden geschont. Herz- und Kreislauf werden bei richtiger Anwendung genauso trainiert wie beim Joggen. Besonders beim strammen Bergaufgehen sollte der Unerfahrene jedoch darauf achten, daß die Pulsfrequenz nicht über 130 Schläge hinausgeht.

Walking ist gewohnheitsbildend. Je häufiger wir es machen und je mehr unsere Fitneß zunimmt, um so größer wird unser Verlangen danach. Walking verschafft uns alle Vorteile, die uns andere gefährlichere, aerobe Sportarten (die Sauerstoffaufnahme wird gesteigert) geben können. Es beugt Herz-Kreislauferkrankungen vor, fördert die Herzkraft und die Atmung, senkt den Blutdruck und den Cholesterinspiegel. Es wirkt gegen nervöse Anspannung, Depressionen, Streß und hilft bei Schlaflosigkeit. Walking beugt Rückenschmerzen vor und verbessert die Körperhaltung. Medizinische Untersuchungen haben ergeben, daß ein regelmäßiges kraftvolles aerobes Training bereits nach 2–3 Monaten zu einem kräftigeren, vitalen Herzen und zu leistungsfähigen Lungen führt.

Durch unsere weitgehende sitzende Tätigkeit atmen wir alle zu flach und bekommen nur einen Bruchteil des Sauerstoffs, der für unseren «Motor» notwendig ist. Durch das aerobe Walking wird mehr Sauerstoff über die Lungen aufgenommen und den Körperzellen zugeführt, wodurch die Verbrennung von Nahrung gefördert wird.

Die Herzkraft und die Elastizität der Gefäße nehmen zu. Außerdem kräftigt die gesteigerte Blutzufuhr die Muskulatur, die Bänder, Gelenke und Knochen. Da die Muskeln mehr Energie verbrauchen, wird das abgelagerte Körperfett aufgespalten und verbraucht. Walking kurbelt also den gesamten Stoffwechsel an, d. h. es erhöht den Grundumsatz. Diätkuren ohne Training hingegen senken den Grundumsatz und reduzieren die Sauerstoffaufnahme. Ißt der Betreffende einmal wieder mehr, so werden die Kalorien sofort wieder als Fett abgelagert. Außerdem wird bei Diäten ohne Körpertraining fast genausoviel Muskulatur wie Fettgewebe abgebaut, was ja nicht erwünscht ist. Durch Walking verbrauchen wir vier- bis fünfmal so viele Kalorien als im Sitzen.

Eine ebenfalls ausgezeichnete Trainingsart ist das *Schwimmen.* Viele haben jedoch nicht die Möglichkeit, regelmäßig 1–2 mal pro Woche ein Schwimmbad aufzusuchen. Da Wasser zudem die natürliche Bewegung unter der Schwerkraft aufhebt, ist es weniger geeignet, die strukturelle Knochenstärke zu entwickeln. Außerdem bringt Schwimmen nicht soviel bei der Gewichtsreduktion. Als zusätzliche, harmonisierende Sportart ist Schwimmen jedoch ideal.

Ein begeisterndes Erlebnis ist das *Fahrradfahren* in der freien Natur. Es fördert die Sauerstoffaufnahme und die Widerstandskraft. Ein Nachteil ist, daß nur die Beinmuskeln beansprucht, die Gelenke eventuell zu stark belastet werden und allgemein die Gefährlichkeit des Straßenverkehrs.

Heimtrainer sind nur ein schwacher Ersatz. Bei dem sturen Strampeln stellt sich bei vielen schon nach kurzer Zeit eine Langeweile ein, die zum Abbruch des Trainings führt. Körperliche Fitneß können natürlich auch Aerobic, Seilhüpfen, Rudern oder die etwas schwerer zu erlernenden Sportarten wie Tennis, Squash, Volleyball bewirken. Insgesamt gilt, daß jede Aktivität für unser Seelenleben günstiger ist als das passive Herumsitzen vorm Fernseher. Körperliche Bewegung ist sicher kein Allheilmittel, aber eingebettet in eine seelische Neuorientierung, kann sie erheblich unser seelisches und körperliches Wohlbefinden stabilisieren.

Ein weiteres wichtiges Problem ist unser *gestörtes Verhältnis zur Nahrungsaufnahme.* Immer mehr Menschen, bevorzugt jüngere Frauen, leiden an Anorexie (Magersucht) oder an Bulimie (Eß-Brech-Sucht). Aber auch das ganz normale Übergewicht ist für viele ein Problem, das sie nicht in den Griff bekommen. Unsere tägliche Sucht Hunger macht uns nicht nur dicker, sondern auch kränker, lustloser, unsensibler und unattraktiver. Die deutliche Zunahme aller Eßstörungen in den letzten Jahren führte dazu, daß viele Therapeuten Einzel- und Gruppentherapien für diese Menschen anbieten. Während suchtähnliches Eßverhalten eher bei Frauen vorkommt, finden wir das Pendant, die sexuelle Süchtigkeit (mit häufigem Partnerwechsel, Pornokonsum, Prostituiertenbesuch) eher beim männlichen Geschlecht.

Besonders groß ist in uns der Widerstand, hinter den körperlichen Vorgängen unsere seelischen Bedürfnisse zu sehen. Wir wollen nicht zugeben, daß wir durch Essen unsere Gefühle in den Griff bekommen wollen – und werden doch bedrängt von unseren (zum Teil auch unbewußten) Schuldgefühlen angesichts des Hungers in der Welt. Aus psychoanalytischer Sicht gehen Eßstörungen zum einen auf falsche Lernerfahrungen zurück, zum anderen sind sie die Kompensation eines realen oder vermeintlichen Mangels. Wohlgemerkt, diese Passage wendet sich keineswegs nur an Menschen mit Gewichtsproblemen. Die Gefahr einer suchtähnlichen Entgleisung ist in allen möglichen Lebensbereichen für jeden von uns allgegenwärtig, und wir können diese Gedanken hier problemlos auf andere Abhängigkeiten von Substanzen, von Verhaltensweisen, von Personen übertragen.

Menschen mit Eßstörungen verfallen gerade dem, was sie zügeln wollen: der Gier nach Nahrungsaufnahme. Einschneidende Veränderungen in unserem Umgang mit Nahrung, mit Sexualität und Schönheit sind sicher die Ursachen für den heimtückischen Boom. Lebensmittel haben nicht mehr die Funktion, den Körper mit Kalorien zu versorgen, sondern sie sind zum kompensatorischen Mittel gegen Einsamkeit, Frustrationen, Ängste und Aggressionen geworden.

Gemäß unserer kulturellen Vorstellung sind schlanke Menschen attraktiver als dicke. So geraten übergewichtige Menschen, ob sie das zugeben oder nicht, automatisch in einen destruktiven gefühlsmäßigen Teufelskreis. Das Selbstwertgefühl sinkt, Depressionen und damit eine negative Wirkung auf unser Immunsystem (mit einer allgemeinen Krankheitsanfälligkeit), Alkohol- und Tablettenmißbrauch drohen. Der Wunsch, schön zu sein, treibt uns in den Kult der Schlankheitsdiäten, und die sind der Beginn der verheerenden Spirale, indem wir den Diäten mehr zutrauen als unserer körperlichen Selbstregulation. Mag auch eine fachmännisch überwachte Diät zu Beginn einer gezielten Gewichtsreduktion einmal angezeigt sein, entscheidend ist jedoch die Umschaltung in unserem Kopf. Das Hangeln von Diät zu Diät ist Zeichen einer Schuldverlagerung. Erst wenn wir bereit sind, unser Gehirn richtig zu programmieren und Verantwortung für uns übernehmen, ist ein Dauereffekt realisierbar.

In der wissenschaftlichen Fachliteratur, aber auch in der Yellow-Press häufen sich Einzelfalldarstellungen, die aufzeigen, wie einfach es ist, auf eine vernünftige, natürliche Ernährung umzusteigen und damit automatisch abzunehmen. Die vielen zu schlichte Parole heißt: Nicht weniger essen, sondern das Richtige essen! Unbewußt regulieren wir über das Essen unsere Gefühle. Aggressionen erzeugen Heißhunger, Enttäuschungen lassen uns zu Süßem greifen. Haben wir unangenehme Gefühle, so soll uns das Essen Belohnung und Trost sein. Der Spruch «Essen macht glücklich» stimmt zwar zum Teil, aber allzuoft ist diese Eigenregulation entgleist, und wir erleiden durch falsches Eßverhalten Stimmungseinbußen, Kummerspeck, Depressionen, Minderwertigkeitsgefühle.

Es gilt also, die Signale unseres Körpers richtig zu deuten. Zuckermangel kann durch einen Apfel genausogut korrigiert werden wie durch ein Stück Schokolade. Sucht hin, Sucht her – ab und zu sollten wir doch auch einmal bereit sein, eine Leistung zu vollbringen, insbesondere wenn wir genau wissen, daß sie eine Veränderung in die richtige, bessere Richtung bedeutet.

Zentrales Anliegen ist, eine neue Sicht unseres Körpers zu bekommen und neue körpergerechte Verhaltensweisen zu erlernen. Wenn wir unserem Körper die richtigen Signale senden, werden wir von allein und ohne große Mühe unser Idealgewicht halten und uns allgemein besser fühlen. Die internationale Forschung hat in den letzten Jahren Erkenntnisse und Empfehlungen entwickelt, wie wir unseren Körper zum Verbündeten gegen unsere Probleme machen.

Revidieren wir also die seit Kindheit tief verwurzelten Überzeugungen, daß es so schwer ist, dauerhaft schlank zu bleiben. Wir wissen, wir erreichen nur das, an das wir wirklich glauben. Über Bord werfen sollten wir zunächst die falschen Mythen, bei uns sei das eine erbliche Veranlagung oder wir seien ein guter Futterverwerter oder wir hätten es wohl mit den Drüsen oder Abnehmen bedeute monatelanges Hungern und bei uns komme Übergewicht nicht vom Essen oder bei uns lägen ganz besondere Konstellationen vor, die eine Gewichtsreduzierung unmöglich machten. Die allein richtige Tatsache heißt: Übergewicht entsteht dadurch, daß wir täglich mehr Kalorien zu uns nehmen, als wir verbrauchen.

Das Abnehmen ist ein Dauerthema in zahlreichen Zeitschriften und Büchern und bei vielen Menschen, die das Problem nicht bewältigen und falsch anpacken, weil sie sich gegen das richtige Wissen in diesem Lebensbereich sperren. Wer die einzigen Ursachen für Übergewicht für sich akzeptiert, nämlich falsche Ernährung und zu wenig Bewegung, für den sollte es relativ leicht sein, einen trainierten, schlanken Körper zu bekommen. Wir müssen natürlich weg vom so bequemen Fernsehsessel, den Kartoffelchips, Schokolade & Co. Wir haben die Macht der Entscheidung, ob Kühlschrank oder Dauerlauf, und wir ganz allein sind dafür verantwortlich, wie wir uns entscheiden. Niemand ist ein geborener Pechvogel. Auch wir sind in der Lage, nicht nur unser Gewicht, sondern unser ganzes Leben unter Kontrolle zu bringen. Dazu brauchen wir nicht für den Rest unseres Lebens unsere Wünsche zu unterdrücken. Wir brauchen uns nur umzuorientieren und gesunde Wünsche zu entwickeln.

Zunächst müssen wir also von dem Gedanken, durch eine Diät das Problem endgültig zu bewältigen, Abschied nehmen. Eine Diät bringt den Körper lediglich in eine Panikreaktion und bewirkt, daß wir, um Energie einzusparen, weniger Kalorien verbrauchen. Durch den Jo-Jo-Effekt werden wir nach Durchführung einer Diät gemäß der sogenannten «Setpoint-Theorie» fast automatisch wieder an Gewicht zunehmen.

Hungern Sie niemals, um abzunehmen! Denn das Hungergefühl erzeugt Heißhunger und fixiert uns körperlich und seelisch noch mehr auf das Essen. Essen Sie nie, wenn Sie nicht hungrig sind oder einfach Lust auf was Süßes haben. Je körperbewußter wir werden, um so sicherer kommen unsere natürlichen Instinkte wieder zum Vorschein. Ein Tier in freier Wildbahn ist nie zu dick! Hören Sie auf, Essen als eine Ersatzbefriedigung für emotionale Probleme einzusetzen, und versuchen Sie nicht, dadurch einer unliebsamen Realität zu entfliehen. Essen Sie nie, weil Sie sich frustriert, gelangweilt, unsicher, ängstlich oder einsam fühlen.

Das A und O ist der sofortige Verzicht auf Fett, Süßigkeiten und Alkohol. Besonders die versteckten Fette in fettem Fleisch, fetter Wurst, fettem Käse können uns täuschen. Wir sollten andere Formen des Trostes finden. Süßigkeiten sind das klassische Suchtmittel für Menschen, die sich einsam und ungeliebt fühlen. Unser Tip: Statt Zucker und Schokolade ist eine Steigerung der romantischen und intimen Erlebnisse anzustreben. Bei Alkohol ist das Mißbrauchpotential besonders groß, da er euphorische Gefühle erzeugt und uns Angst, Depressionen und Frustrationen geringer erscheinen läßt. Für Menschen, die regelmäßig Alkohol trinken, ist es leichter, ganz auf Alkohol zu verzichten, als wenig zu trinken.

Es fällt uns viel leichter, auf etwas zu verzichten, wenn wir das entstandene Loch durch eine positive Verhaltensweise ersetzen. Hierzu gehören ausreichendes Trinken (ca. 2 Liter Mineralwasser oder Tee), genügend Schlaf und sich jede Woche selbst mit etwas Außergewöhnlichem zu belohnen. Unbedingt parallel dazu sollte eine Verhaltensänderung gehen, in der wir positive Gefühle der Zuneigung, Freundlichkeit, Zärtlichkeit verstärken und alle negativen Gefühle wie Aggressionen, Wut, Haß, Rachegefühle abbauen.

Statt einseitigen Diäten zu verfallen, sollten wir unser Essen vielseitig und abwechslungsreich gestalten, bewußt essen und langsam kauen. Statt Fertiggerichte sollten wir frische Speisen bevorzugen. Wenn wir uns angewöhnen, die Lust auf Süßes durch Früchte zu befriedigen, stellt sich der Körper nach einiger Zeit von allein um. Wir sollten vermehrt Vollkornprodukte, Gemüse und Kartoffeln essen und tierisches Eiweiß reduzieren, indem wir nur wenig mageres Fleisch und fettarme Milchprodukte zu uns nehmen. Mehrere kleine Mahlzeiten helfen, die gefürchteten Heißhungerattacken zu vermeiden. Sobald wir unseren Körper wieder in den Griff bekommen, strahlen wir automatisch Selbstsicherheit, Vertrauen aus und machen auf unsere Mitmenschen insgesamt einen positiveren Eindruck.

Falls wir selbst tatsächlich überhaupt keine Probleme mit Essen und Gewicht haben, übertragen wir das Gesagte auf unsere persönlichen Ersatzhandlungen, Ersatzgefühle, auf unsere individuellen Abhängigkeiten und Süchte.

Kapitel 18

Wie soll meine Zukunft aussehen?

Mit Hilfe der geschilderten Methoden haben wir uns mit den verschiedenen Aspekten unseres Lebens beschäftigt. Wir haben einige uns bis jetzt unbekannte Seiten unseres Lebens kennengelernt und einiges über die Macht unbewußter Kräfte erfahren. Aus all diesen Erfahrungen wollen wir nun ein Ganzes bilden und den Entwurf einer neuen Lebensgeschichte wagen.

Gehen Sie mit Freude an diese neue Aufgabe. Lesen Sie sich dazu noch einmal Ihre schriftlichen Aufzeichnungen durch, und markieren Sie sich die wichtigsten Aussagen und Erkenntnisse. Finden Sie Ihren ganz persönlichen roten Faden.

Finden Sie für Ihr Leben eine positiv formulierte Überschrift.

Gehen Sie in Ihren Gedanken und Gefühlen noch einmal Ihr Leben durch: die Lebensphasen von der Kindheit über die Jugend bis zur Gegenwart, die Auseinandersetzungen Ihres Ichs mit Ihren Triebregungen, die Rolle der Eltern und anderer wichtiger Bezugspersonen, zwischenmenschliche Probleme; denken Sie an Ihre Ängste und Befürchtungen, an Ihre Träume und Hoffnungen.

Vergleichen Sie nun das Bild, das Sie jetzt von sich haben, mit Ihren Vorstellungen vor der Arbeit mit diesem Buch. Wo liegen die Unterschiede, was haben Sie Neues über sich erfahren, was können Sie anders machen?

Sehen wir noch einmal die wichtigsten Phasen der Selbstanalyse durch: Zunächst haben wir gelernt, unsere Eigenheiten, unsere eventuellen psychischen Gestörtheiten zu sehen, ohne sie zu verdrängen. Die Gefühle, die Ängste, die dabei entstehen, konnten wir aushalten und ihnen einen Namen geben. Schließlich haben wir erkannt, daß alle jetzigen Probleme eine Ursache haben, die in unserer Biographie versteckt liegen. Zwischen den gefundenen Ursachen und den späteren störenden Gefühlen stellen wir einen inneren Zusammenhang her. Sorgsam achten wir darauf, uns nicht mit falschen Erklärungen zufriedenzugeben. Der so bewußt gewordene Konflikt wird abgeschwächt, und wir können die positiven Seiten unseres Charakters immer deutlicher wirksam werden lassen.

Der Zukunft können wir uns erst mit Erfolg zuwenden, wenn wir unsere Vergangenheit geklärt haben und die Gegenwart uns nicht mehr erschrickt. Normalerweise spüren wir von allein, wann die Bewältigung der Vergangenheit abgeschlossen ist. Die ehemals undurchsichtigen Zusammenhänge, die unbewältigten Schwierigkeiten und Beschwerden weichen einer Klarheit, einer Selbstbejahung und der Gewißheit, daß wir reif sind, die volle Verantwortung für unser Leben zu übernehmen. Wir sind jetzt natürlich nicht schlagartig alle Sorgen los, aber wir sind bereit, unsere Fehler und Unzulänglichkeiten zu akzeptieren und unsere Konflikte in einem gesunden Kompromiß zu lösen.

Doch jetzt dürfen wir nicht in dem Gedanken- und Gefühlsgebäude der analytischen Situation verweilen. Wir müssen unsere neuen Erkenntnisse im wirklichen Leben direkt anwenden, in die Tat umsetzen. Psychotherapie darf nie zum Einsatz für Leben verkommen, wie dies leider immer wieder passiert. Aus unseren eher diffusen Phantasien wird jetzt die konkrete Planung einer bereits gefaßten Entscheidung. Ganz automatisch bekommen wir mehr innere Lebendigkeit, mehr Lebensenergie, wenn wir unseren stärksten Empfindungen, unseren faszinierendsten Vorstellungen folgen.

Langsam werden sich unsere selbstanalytischen Mühen auflösen und den heilenden Impulsen natürlicher Lebensprozesse weichen. Unser Leben selbst hat die zur weiteren Bewältigung unserer Probleme notwendigen Tätigkeiten im Köcher, z. B. das Gespräch, unsere Träume, unsere kreativen Gestaltungsmöglichkeiten, unsere Möglichkeit der Anspannung in der Arbeit und der meditativen Entspannung in der Ruhe.

Die Frage «Was habe ich alles falsch gemacht?» wird ersetzt durch die Frage «Was sollte ich in Zukunft tun?» Wägen wir die verschiedenen Lösungsmöglichkeiten sorgsam gegeneinander ab. Natürlich gibt es in jedem Leben Probleme, die sich relativ leicht lösen lassen, z. B. die Kündigung eines untragbaren Arbeitsverhältnisses. Doch schon die Trennung von einem Lebenspartner oder Erziehungsprobleme mit einem schwierigen Kind können die Grenze unserer Belastbarkeit erreichen. Manche Gegebenheiten müssen wir einfach lernen zu ertragen, weil wir sie nicht ändern können. Nehmen wir sie hin wie schlechtes Wetter.

Je reifer wir innerlich werden, um so klarer können wir Entscheidungen fällen. Das ständige kraftzehrende Zappeln zwischen zwei Strebungen «Soll ich – Soll ich nicht» muß ein Ende haben. Wir gewinnen die Fähigkeit, uns einen klaren Überblick über das Für und Wider einer Entscheidung zu verschaffen und versuchen in Zukunft, möglichst viele Konflikte so zu lösen, daß wir damit leben können. Wir können z. B. in eine neue, geglückte Beziehung nur dann eintreten, wenn wir uns vorher aus einer belastenden Bindung an einen ungeeigneten Partner gelöst haben. Je eindeutiger wir unsere eigenen Maßstäbe und Werte kennen und um so weniger wir uns an der Meinung anderer orientieren, um so leichter wird uns dies fallen.

Bringen wir eine Rangordnung in unsere Probleme und Pflichten. Dann überwinden wir uns und packen unsere dringlichsten Aufgaben sofort an und bleiben dabei, bis wir sie abgeschlossen haben. Ohne sinnvolle Zeiteinteilung bleiben wir unorganisiert und unproduktiv. Daß es eine angeborene Willensschwäche und Faulheit nicht gibt, haben wir ja schon lange verinnerlicht. Auch wenn wir oft dagegen anlästern, in vielen Bereichen ist ein gewisser äußerer Zwang (wie z. B. festgesetzte Arbeitszeiten) gar nicht so schlecht.

Vermeiden wir es, Träume sofort verbissen deuten zu wollen. Warten wir ab, und schon bald stellt ein Gedanke oder ein zusätzlicher Traum den Zusammenhang zu unserem Grundkonflikt her. Haben wir in der Selbstanalyse gelernt, wie z. B. das Verhältnis zu unserem Vater wirklich war, dann können wir unsere Hemmungen und Aggressionen dem Chef gegenüber vielleicht verstehen und ablegen.

Stellen wir uns gegen Ende den jetzt wichtigen Fragen:

Habe ich mir einen sinnvollen Lebensplan und Arbeitsplan erstellt? Was ist das Resümee meiner Erfolge (und Mißerfolge)? Habe ich klare Entschlüsse für die

Zukunft gefaßt, statt über die Vergangenheit zu grübeln? Können wir uns aus dem verhängnisvollen «Hätte ich doch!» lösen? Habe ich auch für andere Menschen Zeit?

Welche Werte rangieren bei mir ganz oben?

Bin ich gelassener, ruhiger, freundlicher, geduldiger geworden? Ärgere ich mich seltener, streite ich mich weniger? Bin ich weniger unselbständig, weniger feige, weniger unentschlossen? Kann ich meine Meinung klar formulieren?

Was sind die Schwierigkeiten hinter meinem wichtigsten Problem und was habe ich bisher zur Lösung getan? Was war meine schönste, was meine schlimmste Erfahrung der letzten Wochen? Was sind meine besten Eigenschaften? Meine Träume, meine Wünsche für die Zukunft.

Was sind unsere mittelfristigen Ziele? Was wird in 5 Jahren sein? Spüren wir in uns die Kraft, dem Zufall, dem sogenannten Schicksal «adieu» zu sagen und bewußt unser zukünftiges Handeln selbst zu bestimmen?

Natürlich ist mir auch bewußt, daß heute viele junge Menschen eine planmäßige Arbeit mit konkreten Zielen nicht mehr so sehr hoch ansiedeln und stattdessen lieber das geerbte Geld verjubeln, aber wer weiß, vielleicht hält auch einmal ein solch freundlicher und liebenswerter Zeitgenosse das Weberschiffchen seines Lebens bei der Lektüre kurz an und grübelt ein wenig darüber nach, ob er nicht auch einige schöpferische Ideen in die Tat umsetzen kann. Häufig wird Arbeit nur als Last gesehen und ihr therapeutischer Wert sehr unterschätzt. Jeder Mensch hat andere Idealvorstellungen, doch es gibt bekanntlich

Charaktereigenschaften, über deren Wert unsere Gesellschaft sich einig ist. Ich denke schon, daß es sinnvoll ist, sich hin und wieder zu fragen, wie es mit folgenden Eigenschaften bei uns steht: Ehrlichkeit, Zuverlässigkeit, Wahrheitsliebe, Geduld, Fähigkeit zur Harmoniestiftung ohne faule Kompromisse.

Falls bei uns immer noch Geltungs- und Gewinnsucht relativ weit oben rangieren, sollten wir *uns* an die eigene Brust schlagen und weiter an *uns* arbeiten. Wir wollen in Zukunft weder zu den ängstlich Selbstunsicheren noch zu den allzu überheblich Selbstbewußten gehören. Wer die Übungen dieses Buches im für ihn richtigen Zeittakt bearbeitet hat, wird automatisch ein gesundes Selbstwertgefühl entwickeln.

Zur menschlichen Reife gehört auch, daß wir auch einmal widrige Zustände ertragen und eine Leistung von uns fordern können. Diese Fähigkeit zum Ertragen von Angst, Trauer, Depression ist eine solche Leistung, die wir uns erarbeiten können. Auch unsere ganz persönliche Belastbarkeit ist zu steigern.

Dazu gehört auch, daß wir nicht länger die Frage nach dem Älterwerden und Ende des eigenen Lebens verdrängen. Weichen wir deshalb diesen *Grenzfragen* nicht aus. Fragen wir uns, ob Religion ein Teil unseres Denkens sein kann. Jeder muß sein *eigenes* Lebensgebäude entwerfen, doch einige der möglichen Baupläne sollten Sie diesem Buch entnehmen können.

Wir beantworten uns noch einige Fragen:

Was sind meine wichtigsten privaten und beruflichen Ziele? Kann ich Erfolg und Mißerfolg gleichermaßen verkraften? Ertrage ich die Wahrheit, Kritik, Verluste jeder Art? Kann ich Einsamkeit und Schmerzen ertragen? Was ist der Sinn meines Lebens?

Wir begeben uns in die Entspannungssituation. Achten wir besonders auf das tiefe Ein- und Ausatmen, die Bauchdecken heben und senken sich. Jetzt stellen wir uns einen angenehmen Sommertag in 10 Jahren vor. Wie sehen wir aus? Was hat sich alles um uns geändert? Achten wir besonders auf unser Körpergefühl. Was fühlen, sehen, hören Sie dann, wo im Körper werden Sie es besonders spüren? Stellen Sie sich vor, wie die Atmung dann verändert ist, ist sie tiefer oder flacher geworden? Wie ist die Körperhaltung, der Gang, wie stehen Sie? Wie sehen Sie sich dann stehen? Wie ist die Kopfhaltung, der Blick? Blicken Sie eher nach unten oder nach oben? Was hat sich in Ihrer Umwelt geändert? Was sehen Sie, was ist vertraut, was ist verändert? Wie sehen die Menschen um Sie herum aus? Sind sie vertraut, sind neue hinzugekommen? Wie gucken Sie die Menschen an? Was ist jetzt anders geworden in der Beziehung der Menschen zu uns? Angenommen, wir sehen jetzt nach 10 Jahren in den Spiegel, ist es angenehm, sich jetzt so zu sehen? Was hören Sie, wenn Sie anderen Menschen zuhören, und wie hört sich Ihre Stimme dann anders an? Ist sie angenehm ruhig, tief, kraftvoll, ausgeglichen? Achten Sie einmal auf Ihre innere Stimme, was sagen Sie dann zu sich selbst, empfinden Sie es als angenehm, jetzt mit sich so zu sprechen?

Und jetzt blicken Sie einmal aus diesem Zukunftsstandort auf die vergangenen 10 Jahre zurück! Was war damals der erste Schritt, den Sie gemacht haben, um das Ziel zu erreichen? Welche wichtigen Entscheidungen haben Sie getroffen? Was denken Sie über die Dinge, die Sie damals in dem vergangenen Heute beschäftigt haben? Was wissen Sie, was Sie damals noch nicht wußten? Welche guten Ratschläge können Sie der Person von damals, von vor 10 Jahren geben, wie sie ihr Ziel gut und stimmig erreichen kann? (nach: Jakubowsi, Die therapeutische Arbeit mit Zeitprogression)

Auch wenn wir die Arbeit mit diesem Buch beendet haben – für immer muß in uns der Gedanke wachbleiben, daß unsere Gefühle davon abhängen, was wir denken und daß wir selbst bestimmen können, was wir denken. Das klingt nicht nur einfach, das ist einfach! Diese grundlegende Wahrheit wird unser Leben für immer positiv verändern können.

Nehmen wir uns auch für die Zukunft jede Woche einen wichtigen Gedanken vor, auf den wir uns konzentrieren wollen. Begeben wir uns immer wieder für 15 Minuten in die Entspannungssituation, und kümmern wir uns um uns selbst, um unsere Pläne, unsere innere Entwicklung. Sehen Sie immer wieder die Aufzeichnungen an, die Sie sich bei der Lektüre dieses Buches gemacht haben, und suchen Sie sich diese Bereiche heraus, die Sie noch einmal bearbeiten möchten. Ganz bewußt soll das Ende dieses Buches offen bleiben.

Wir können darauf vertrauen, daß es für alle Probleme Lösungen gibt und daß wir in uns die Kraft haben, damit umzugehen. Je tiefer wir uns entspannen lernen, um so sicherer kommen wir zum Einklang mit uns selbst.

Und vernachlässigen wir unseren Körper nicht. Nur in körperlicher Gesundheit sind wir voll leistungsfähig. Ganz wichtig ist auch der Kontakt mit der Natur, dadurch erhalten wir uns die Freude am Schönen und Einfachen. Auch Vergnügen ist wichtig, Arbeit ist nur ein Teil des Lebens.

Immer wenn etwas Unangenehmes in unserem Leben passiert, wenn schwierige Menschen uns in negative Reaktionen wie Ärger, Wut, Rachsucht, Ungeduld, Nervosität zu treiben versuchen, können wir durch kreative Imaginationen zu befreiender Kraft und Energie finden. *Wir* haben unser persönliches Wachstum selbst in der Hand. *Wir* entscheiden uns, glücklich und zufrieden zu leben.

Besonders in Partnerschaften, wenn das Verliebtsein vorbei ist und damit die früheren Selbstwahrnehmungen und -beurteilungen von guten und schlechten Eigenschaften auch, kommt es oft zu großen Problemen. Dann ist – guter Wille aller vorausgesetzt – nur in einem reinigenden Gespräch, wobei beide Partner kompromißbereit sein müssen, eine klare Lösung möglich. Nur wenn wir uns großzügig gegenseitig Wünsche erfüllen, ist der Kompromiß tragfähig.

Schwierig gestalten sich diese Veränderungen, wenn nur ein Partner in Therapie ist oder eine Selbstanalyse durchführt, neue, andere Lebensweisen anwenden möchte und der andere nicht mitmacht. In den allermeisten Fällen einer Fremdtherapie ist es aber möglich, auch wenn es nicht zu einer eigentlichen Paartherapie kommt, daß der Partner wenigstens soweit motiviert werden kann, daß er einmal mit in die Therapiestunde kommt. Oft resultiert aus einer solchen Begegnung eine Neubewertung der Psychotherapie, und der Betreffende kann sich doch auf einige Therapieschritte einlassen. Versuchen müssen wir das auch in der Selbstanalyse und Selbsttherapie.

Wenn wir selbst innerlich durch die Therapie das Wachstum in uns spüren, wünschen wir uns natürlich, daß der Partner, die Eltern, die Kinder sich doch auch verändern mögen, daß sie doch eigentlich ihre Fehler einsehen und korrigieren müßten, ja daß sie sich für ihr Fehlverhalten entschuldigen müßten. Diese unsere Happy-End-Phantasien werden leider immer wieder enttäuscht. Gutes Zureden oder Drohen wirkt nur selten und dann nur vorübergehend. Es schmerzt uns sehr, wenn wir sehen, daß die anderen nicht bereit sind, hinzuzulernen. Aber wenn wir darüber nachdenken, ist es ja ganz selbstverständlich, daß wir durch unsere Therapie nicht andere Menschen verändern können.

Doch ganz stimmt das auch nicht, es ändert sich auch eine ganze Menge um uns herum. In unserer veränderten Seelenlandschaft haben wir jetzt die Fäden fest in der Hand. Wir können es akzeptieren, daß die Eltern so bleiben, wie sie sind. Wir brauchen sie nicht länger mit unseren Veränderungsversuchen zu attackieren. Unsere Ansprüche, doch endlich ideale Eltern zu werden, können sie nicht erfüllen.

Der Partner stellt sich meist automatisch auf unser gestiegenes Selbstwertgefühl ein. Ansonsten wissen wir als erwachsener Mensch, daß wir die Fähigkeit haben, wegzugehen – aus einer schlechten Beziehung ebenso wie von einem ungeliebten Arbeitsplatz.

Nicht selten ergeben sich Probleme dadurch, daß Menschen um uns herum sich gar nicht so gut mit unserem Stärkerwerden anfreunden können. Für sie waren wir als kränkliche, abhängige Schwächlinge viel einfacher zu handhaben. Die Veränderung zum Guten will von uns und von unserer Umwelt verarbeitet und ertragen werden. Aber wir werden bald lernen, die größere Verantwortung zu genießen. Das gelegentliche Anecken schadet dabei nicht, im Gegenteil: Je deutlicher wir unsere Wünsche und Ansprüche freundlich und bestimmt in Worte fassen, um so leichter treten wir natürlich auch mal jemandem auf die Füße. Sie werden sehen, wie schnell Ihre Umwelt diese neue Herausforderung annimmt. Nach einer kurzen Übergangsphase sind wir geachteter denn je. Wir strahlen mehr Energie und Selbstvertrauen aus, wir gewinnen ein sichereres Auftreten und eine kraftvollere Ausstrahlung. Da wir weniger Kraft für innere Probleme benötigen, erweitert sich automatisch unser Erlebnisspektrum, und wir werden offen für viele Aktivitäten, die das Leben für uns bereithält. Statt Ärger und Wut spüren wir in uns deutlich den Gedanken der Versöhnung.

Auch den Menschen um uns herum wurde ein bestimmtes Verhaltensmuster antrainiert. Werden wir von ihnen attackiert, nützt natürlich die Entgegnung «Ich habe dir doch gar nichts getan» überhaupt nichts. Der andere bewertet aus seiner ganz persönlichen Perspektive die Dinge völlig anders als wir. Weigern wir uns einfach, die Rollen anzunehmen, die andere uns zuweisen. Reagieren wir locker und kräftesparend, ändern können wir andere Menschen sowieso nur selten.

Wir haben gesehen, daß viele Formen unseres Fehlverhaltens Versuche sind, unsere Defizite zu kompensieren. Da die eigentlichen Konflikte bei diesen inadäquaten «Selbstheilungsversuchen» nicht gelöst werden, müssen wir unbedingt immer wieder bemüht sein, diesen Teufelskreis zu durchbrechen und Kompetenzen aufzubauen, um diese Konflikte anders zu lösen. Achten wir auf unsere Neigung zum Verdrängen von Problemen.

Wenn wir einen gewissen Nachholbedarf bezüglich bestimmter Bedürfnisse in uns festgestellt haben, dann sollten wir entschlossen einen Aktivitätsaufbau anstreben, unsere Selbstregulierungsfähigkeit fördern, uns öfter mal selbst belohnen, insgesamt mehr Farbe in unser Leben bringen. Mehr bei sich selbst sein und trotzdem die Nähe in Beziehungen nicht vermeiden, widersprechen sich nicht.

Wir können unsere kommunikativen Fähigkeiten ausbauen, unsere Gefühle und Wünsche deutlicher formulieren. Das gilt auch für unsere lebensgeschichtliche Reflexion, bei der wir Gefühle der Trauer und eventuell auch Wut auf die Eltern aushalten können.

Unsere Bedürfnisse nach Spannung, Befriedigung und Selbstbestätigung können wir kanalisieren und brauchen nicht immer stärkeren Reizen nachzujagen. Wer die richtigen Aktivitäten wählt, braucht keine Langeweile zu beklagen. Die Gefahr, daß wir uns an Sucht- und Konsumhandlungen, z. B. an die Flut anonymer Sexualreize – nicht nur in der Pornoindustrie – verlieren, ist durch die Vereinsamung in der Massengesellschaft besonders groß. Immer mehr werden die ursprünglichen Erfahrungen des Menschen ersetzt durch Ersatzhandlungen, Ersatzgefühle, Surrogate aller Art. Eine Gegensteuerung ist schwierig, aber möglich. Statt in unser nur scheinbar vorprogrammiertes Antwortverhalten zu verfallen, haben wir die Möglichkeit, nach vernünftigen Lösungen zu suchen. Ein kleiner Schritt in die richtige Richtung ist, daß wir uns den massiven Umweltreizen (wie z. B. Fernsehkonsum) etwas mehr entsagen und die dadurch gewonnenen Zeit- und Handlungsreserven zum Aufbau von Sozialbeziehungen nutzen.

Sobald wir innerlich frei geworden sind und unser Leben so gestalten können, wie wir das für richtig halten, können wir uns auch nach außen hin in der Gesellschaft frei, liberal, demokratisch, tolerant verhalten und selbstsicher das fordern, was uns und anderen zusteht. Die Zeiten des ängstlichen Aushaltens sind vorbei. Jetzt haben wir die Kraft, Situationen und Gegebenheiten zu verändern und das Leben zu genießen.

Literatur

Adler, A.: Praxis und Theorie der Individualpsychologie. München 1920.

Alexander, G.: Eutonie. Ein Weg der körperlichen Selbsterfahrung. München 1984.

Andreas, C. S.: Mit Herz und Verstand. Paderborn 1992.

Araoz, D. L.: Selbsthypnose. Düsseldorf 1992.

Aronson, E.: Ausgebrannt. Vom Überdruß zur Selbstentfaltung. Stuttgart 1983.

Bandler, R./Grinder, J.: Reframing. Paderborn 1985.

Ulrich Bartmann, Laufen und Joggen. Stuttgart ²1993 (1991).

Benson, H./Proctor, W.: Beyond the Relaxation Response. New York 1984.

Besser-Siegmund, C. H.: Du mußt nicht bleiben, wie Du bist. Düsseldorf 1992.

Bittner, G.: Das andere Ich. München 1974.

Bohm, D.: Die implizite Ordnung. München 1987.

Borysenko, J.: Gesundheit ist lernbar. München 1989.

Carnegie, D.: Sorge Dich nicht, lebe! München 1992.

Clausner, G.: Lehrbuch der biographischen Analyse. Stuttgart 1963.

Epstein, G.: Wachtraumtherapie. Stuttgart 1985.

Farrow, E.: Bericht einer Selbstanalyse. Stuttgart 1984.

Freud, S.: Gesammelte Werke. Frankfurt/M 1972.

Fromm, E.: Die Kunst des Liebens. Berlin 1990.

Harding, E.: Selbsterfahrung. Zürich 1954.

Harper, F.: Jogotherapy: Jogging as Psychotherapy. Lincoln 1984.

Horney, K.: Selbstanalyse. Frankfurt/M 1985.

Johnson, R.: Ich schreibe mir die Seele frei. Freiburg i. Br. 1990.

Jung, C. G.: Gesammelte Werke. Olten 1971–1981.

Kernberg, O. F.: Borderline-Störungen und pathologischer Narzißmus. Frankfurt/M 1983.

Kirschner, J.: Die Kunst, ein Egoist zu sein. München 1976.

Klein, M.: Die Psychoanalyse des Kindes. München 1973.

Kohut, H.: Die Heilung des Selbst. Frankfurt/M 1979.

Kümpel, W.: Selbsterkenntnis. Düsseldorf 1975.

Kummer, P.: Wunderwerk Unterbewußtsein. München 1993.

Lazarus, A./Fay, A.: Ich kann, wenn ich will. Stuttgart 1977.

Leuner, C. H.: Lehrbuch des gesamten katathymen Bilderlebens. Reinbek 1983.

Ludwig, P.: Sich selbst erfüllende Prophezeiungen im Alltagsleben. Stuttgart 1991.

Maass, H.: Wach-Träume. Freiburg i. Br. 1989.

Maeder, A.: Selbsterhaltng und Selbstheilung. Zürich 1949.

Malz, M.: So können Sie werden, wie Sie sein möchten. Genf/München 1990.

Murphy, J.: Die Macht Ihres Unterbewußtseins. Genf/München 1991.

Norfolk, D.: Denken Sie sich gesund! Genf/München 1991.

Ornstein, R.: Multimind. Paderborn 1990.

Perls, F.: Gestalttherapie Bd. 1 u. 2. Stuttgart 1985.

Reich, W.: Charakteranalyse. Frankfurt/M 1985.

Schellenbaum, P.: Nimm deine Couch und geh. München 1992.

Schott, H.: Zauberspiegel der Seele. Göttingen 1985.

Schott, H. G.: Die selbstanalytische Methode des E. Pickworth Farrow. Berlin 1981.

Schulz, I.: Das Autogene Training. Stuttgart (1932) 1987.

Shepard, M.: Die seelische Selbsthilfe. Bergisch-Gladbach 1975.

Snowdown, L./Humphreys, M.: Gehen ist besser als Fasten: Walking. Genf/ München 1991.

Thomas, K.: Träume – selbst verstehen. Stuttgart 1972.

Thomas, K.: Selbstanalyse. Stuttgart 1992.

von Werder, L.: . . . triffst Du nur das Zauberwort. München 1986.

von Werder, L. u. a.: Alltägliche Selbstanalyse. Weinheim 1990.

Watzlawick, P.: Anleitung zum Unglücklichsein. München 1983.

Watzlawick, P.: Münchhausens Zopf oder Die Psychotherapie und Wirklichkeit. Bern 1988.

Winnicott, D. W.: Reifungsprozesse und fördernde Umwelt. München 1974.

Verena Kast

Imagination als Raum der Freiheit

Dialog zwischen Ich und Unbewußtem
4. Auflage 1991, 214 Seiten, Broschur

„... Schrittweise aufbauend, anschaulich und packend in der Darstellung, werden Methoden der Imagination vorgestellt, die therapeutische Freiräume eröffnen, Hoffnung und Vertrauen in die Veränderbarkeit des Lebens stärken sollen ... mit konkreten Handlungsweisen um reizvolle therpeutische Einstiegsvarianten." Sozialpsychiatrische Informationen, Hannover

Verena Kast

Freude, Inspiration, Hoffnung

3. Auflage 1994, 197 Seiten, Broschur

„... Freude stärkt unser Selbstwertgefühl, was eine unerläßliche Voraussetzung dafür ist, Veränderung anzustreben, Wandel zuzulassen. Beides ist Ziel therapeutischer Arbeit; die Freude und die Rekonstruktion der erlebten Freudenbiographie, anhand von Erinnerungen, Fotografien oder Spielsachen sind daher für die Autorin wesentliche Bestandteile einer Therapie, die den Menschen als Ganzheit wahrnehmen will ... eine wirklich inspirierende Lektüre." INTRA, Zürich

WALTER-VERLAG

Uta Klawitter

Die Weisheit des Körpers befragen

Bewußt-Werden durch Bewegung
2. Auflage 1992, 157 Seiten, Broschur

„Uta Klawitter führt fachkundig und methodisch versiert in die Feldenkrais-Methode ein, die den Menschen anleiten will, durch das Gespräch mit seinen Körperbewegungen zur Bewußtheit und zur Klärung seiner Lebensthemen zu kommen."
Psychologie verstehen, Bühne

Kathrin Asper

Von der Kindheit zum Kind in uns

Lebenshilfe aus dem Unbewußten
3. Auflage 1994, 182 Seiten mit 6 Abbildungen, Broschur

Was eine negative Kindheit an lebenslangen Schäden anrichtet, kommt in Träumen und Therapien zum Vorschein. Wie Heilung zu finden ist, indem man das Kind in sich entdeckt und zu seinem Recht kommen läßt, zeigt die Autorin in ihrem Buch deutlich auf.

WALTER-VERLAG